"O AMOR DE JESUS ...
PREENCHE TODOS OS VAZIOS"
A NÃO LAICIDADE DA ESCOLA PÚBLICA NA EDUCAÇÃO INFANTIL

Editora Appris Ltda.
1.ª Edição - Copyright© 2023 da autora
Direitos de Edição Reservados à Editora Appris Ltda.

Nenhuma parte desta obra poderá ser utilizada indevidamente, sem estar de acordo com a Lei nº 9.610/98. Se incorreções forem encontradas, serão de exclusiva responsabilidade de seus organizadores. Foi realizado o Depósito Legal na Fundação Biblioteca Nacional, de acordo com as Leis nos 10.994, de 14/12/2004, e 12.192, de 14/01/2010.

Catalogação na Fonte
Elaborado por: Josefina A. S. Guedes
Bibliotecária CRB 9/870

B816a
2023
	Branco, Jordanna Castelo
	    "O amor de Jesus ... preenche todos os vazios" : a não laicidade da escola pública na educação infantil / Jordanna Castelo Branco. - 1. ed. - Curitiba: Appris, 2023.
	    146 p. ; 23 cm. – (Educação, tecnologias e transdisciplinaridade).
	
	    Inclui referências.
	    ISBN 978-65-250-3415-7
	
	    1. Educação infantil. 2. Religião. I. Título. II. Série.
	
	                                                          CDD – 372.21

Livro de acordo com a normalização técnica da ABNT

Appris
editora

Editora e Livraria Appris Ltda.
Av. Manoel Ribas, 2265 – Mercês
Curitiba/PR – CEP: 80810-002
Tel. (41) 3156 - 4731
www.editoraappris.com.br

Printed in Brazil
Impresso no Brasil

Jordanna Castelo Branco

"O AMOR DE JESUS ... PREENCHE TODOS OS VAZIOS"
A NÃO LAICIDADE DA ESCOLA PÚBLICA NA EDUCAÇÃO INFANTIL

FICHA TÉCNICA

EDITORIAL	Augusto V. de A. Coelho
	Sara C. de Andrade Coelho
COMITÊ EDITORIAL	Marli Caetano
	Andréa Barbosa Gouveia - UFPR
	Edmeire C. Pereira - UFPR
	Iraneide da Silva - UFC
	Jacques de Lima Ferreira - UP
SUPERVISOR DA PRODUÇÃO	Renata Cristina Lopes Miccelli
ASSESSORIA EDITORIAL	Renata Miccelli
REVISÃO	Katine Walmrath
	Andréa L. Ilha
PRODUÇÃO EDITORIAL	Raquel Fuchs
DIAGRAMAÇÃO	Andrezza Libel
CAPA	Laura Marques

COMITÊ CIENTÍFICO DA COLEÇÃO EDUCAÇÃO, TECNOLOGIAS E TRANSDISCIPLINARIDADE

DIREÇÃO CIENTÍFICA Dr.ª Marilda A. Behrens (PUCPR) — Dr.ª Patrícia L. Torres (PUCPR)

CONSULTORES

- Dr.ª Ademilde Silveira Sartori (Udesc)
- Dr. Ángel H. Facundo (Univ. Externado de Colômbia)
- Dr.ª Ariana Maria de Almeida Matos Cosme (Universidade do Porto/Portugal)
- Dr. Artieres Estevão Romeiro (Universidade Técnica Particular de Loja-Equador)
- Dr. Bento Duarte da Silva (Universidade do Minho/Portugal)
- Dr. Claudio Rama (Univ. de la Empresa-Uruguai)
- Dr.ª Cristiane de Oliveira Busato Smith (Arizona State University/EUA)
- Dr.ª Dulce Márcia Cruz (Ufsc)
- Dr.ª Edméa Santos (Uerj)
- Dr.ª Eliane Schlemmer (Unisinos)
- Dr.ª Ercilia Maria Angeli Teixeira de Paula (UEM)
- Dr.ª Evelise Maria Labatut Portilho (PUCPR)
- Dr.ª Evelyn de Almeida Orlando (PUCPR)
- Dr. Francisco Antonio Pereira Fialho (Ufsc)
- Dr.ª Fabiane Oliveira (PUCPR)
- Dr.ª Iara Cordeiro de Melo Franco (PUC Minas)
- Dr. João Augusto Mattar Neto (PUC-SP)
- Dr. José Manuel Moran Costas (Universidade Anhembi Morumbi)
- Dr.ª Lúcia Amante (Univ. Aberta-Portugal)
- Dr.ª Lucia Maria Martins Giraffa (PUCRS)
- Dr. Marco Antonio da Silva (Uerj)
- Dr.ª Maria Altina da Silva Ramos (Universidade do Minho-Portugal)
- Dr.ª Maria Joana Mader Joaquim (HC-UFPR)
- Dr. Reginaldo Rodrigues da Costa (PUCPR)
- Dr. Ricardo Antunes de Sá (UFPR)
- Dr.ª Romilda Teodora Ens (PUCPR)
- Dr. Rui Trindade (Univ. do Porto-Portugal)
- Dr.ª Sonia Ana Charchut Leszczynski (UTFPR)
- Dr.ª Vani Moreira Kenski (USP)

À todas as crianças brasileiras.

AGRADECIMENTOS

Agradecer é um trabalho complexo. Foram muitos os que colaboraram na e para a escrita desta obra. Lembro-me de cada uma das pessoas. A complexidade está em registrar, num pequeno espaço, o nome dos colaboradores diretos e indiretos. Agradeço a todos. No entanto, não posso deixar de mencionar aqueles que foram ímpares ao longo deste trabalho.

À minha família, aos meus irmãos — Rommel, Glayds, Patrícia e Michelle —, à minha mãe e ao meu marido Miguel.

Ao Professor Luiz Antônio Cunha, por todo o incentivo e o apoio durante o curso de mestrado.

Às amigas Luciane Quintanilha e Djenane Freire.

A todos os meus amigos.

Às minhas amadas companheiras de pesquisa do Leduc.

Aos professores, aos técnicos em educação e aos colegas do programa de pós-graduação.

A todos da escola-campo da pesquisa.

Às amigas Iara, Ana Emília, Eliane, Danielle Medeiro e Jô.

À minha amada amiga e orientadora Patrícia Corsino, pela parceria e trocas.

E, sobretudo, a Deus.

PREFÁCIO

Palavras iniciais

> [...] às crianças que se quer educar para que sejam cidadãos de um amanhã utópico é negado, de fato, seu próprio papel futuro no organismo político, pois, do ponto de vista dos mais novos, o que quer que o mundo adulto possa propor de novo é necessariamente mais velho do que eles mesmos. Pertence à própria natureza da condição humana o fato de que cada geração se transforma em um mundo antigo, de tal modo que preparar uma nova geração para um mundo novo só pode significar o desejo de arrancar das mãos dos recém-chegados sua própria oportunidade face ao novo. (ARENDT, 1990, p. 225-226).

As reflexões de Arendt são desafiadoras para a educação e suscitam algumas questões, tais como: já que o mundo adulto propõe às novas gerações algo velho, que possibilidades de desvios poderiam ser abertas aos recém-chegados? Utopias caberiam nos tempos atuais? Seria possível não arrancar das mãos das crianças a oportunidade de buscarem o novo?

Benjamin dá pistas para enfrentá-las quando faz uma crítica às relações passado e futuro e apresenta como possibilidade o "tempo de agora" (*Jetztzeit*), o tempo que insurge como um lampejo e rompe com a linearidade que apresenta o futuro enquanto progresso. Mas o tempo de agora que propõe não é vazio, é potente porque se articula com o passado, colocando-o sob crítica, para ressignificá-lo e redefini-lo:

> [...] não é que o passado lança sua luz sobre o presente ou que o presente lança sua luz sobre o passado; mas a imagem é aquilo em que o ocorrido encontra o agora num lampejo, formando uma constelação. Em outras palavras: a imagem é a dialética na imobilidade. (BENJAMIN, 2006, p. 504).

A imagem condensa na sua imobilidade a dialética dos opostos e, ao romper com a linearidade temporal, busca outras conexões, não com o tempo, mas com os objetos e o espaço. Com imagens, Benjamin coloca lado a lado o velho, o novo, a tradição. Assim é que a meia enrolada em forma de bolsa era a "tradição" e diante dos brinquedos guardados à chave no armário, que permaneciam novos por mais tempo, Benjamin afirma: "meu propósito não era conservar o novo e sim renovar o velho" (BENJAMIN,1993,p.124).

E o velho se renova a cada sentido que se produz com as imagens dialéticas, com a materialidade do cotidiano ou com as narrativas.

Este livro, fruto da pesquisa de mestrado de Jordanna Castelo Branco, aborda um tema cuja relevância tem se estendido por muito tempo e que atualmente, tem ganhado maior relevo devido às pautas conservadoras e ao estreitamento da relação entre religião e política: a presença do discurso religioso em escolas de educação infantil. Uma velha constatação cuja explicitação traz o contraditório e coloca o presente em questão. O vínculo da educação infantil com a religião remonta às suas origens como instituição filantrópica ou religiosa e como instituição pública não confessional, muito voltada à moralização e à disciplinarização das crianças, geralmente concebidas como seres imaturos e incompletos. Romper com este paradigma significa colocar em xeque modelos instituídos e buscar novas perguntas. Fato que não é simples pela precariedade das políticas de formação docente, especialmente aquelas voltadas para a educação infantil.

Trata-se de uma pesquisa etnográfica desenvolvida numa escola da rede pública do município de Duque de Caxias-RJ, cujo olhar informado, consistente e atento da etnógrafa capta imagens, fotografa, registra e recorta relatos do dia a dia no campo e com estes fragmentos, como imagens dialéticas, concentram e revelam sentidos de discursos religiosos ora explícitos, ora implícitos, presentes na escola de diversas formas e endereçados a diferentes interlocutores: dos versículos bíblicos pintados nas paredes da secretaria, passando por personagens de textos evangélicos como Mig e Meg nos murais, chegando à peça de teatro com finalidade de evangelização das crianças e convites aos familiares à participação em cultos religiosos.

Uma escrita consistente e bem articulada tece cada capítulo que segue um fluxo que conduz o leitor, de forma generosa, dos fundamentos aos resultados da pesquisa. Logo no início são apresentados os pilares da etnografia, em diálogo com Velho, Da Mata e Geertz, a trajetória acadêmica da autora e as concepções de discurso de Bakhtin, e de religião de Geertz, que sustentam o trabalho. Com Bakhtin toma a realidade como sígnica e considera discurso desde a materialidade do espaço, como seus objetos e materiais, até os gestos, as falas, com suas entonações e acentos apreciativos, as propostas de atividades (jogos, brincadeiras, leituras), as conversas informais de crianças e adultos em interação. A escola é entendida como uma esfera de circulação de vários gêneros discursivos, cada um deles marcado pelo tema ou conteúdo, pela construção composicional e pelo estilo.

Com Geertz (2011), considera "[...] a religião ajusta as ações humanas a uma ordem cósmica imaginada e projeta imagens da ordem cósmica no plano da experiência humana" (p. 67). Assim, a pesquisa analisa quais são os discursos religiosos que circulam na esfera escolar estudada, a quem se dirigem e quais respostas recebem por parte da comunidade como um todo e, em especial, pelas crianças.

Seguindo as orientações de Da Matta, a autora "transforma o familiar em exótico e o exótico em familiar", num movimento que Bakhtin denomina exotópico, e, como resposta de sua imersão de oito meses na escola, numa turma de crianças de 5 e 6 anos de idade do turno da manhã, nos dá a ver estes discursos e nos surpreender com cada um dos selecionados para análise.

Os eventos discursivos, que podem ser entendidos como imagens dialéticas, dizem simultaneamente de uma realidade específica e também de outras que se aproximam. O estudo evidencia o quanto a escola gira em torno do mundo adulto e recebe os recém-chegados com propostas não apenas mais antigas do que os próprios professores, como também pouco criativas. Mas evidencia também resistências das crianças que escapam nas pequenas brechas.

Benjamin, na primeira metade do século XX, faz um alerta:

> Tarefa da infância: integrar o novo mundo no espaço simbólico. A criança é capaz de fazer algo que o adulto não consegue: rememorar o novo. Para nós, as locomotivas já possuem um caráter simbólico, uma vez que já as encontramos na infância. Nossas crianças, por sua vez, perceberão o caráter simbólico dos automóveis, dos quais nós apenas fruímos o lado novo, elegante, moderno, atrevido. (BENJAMIN, 2006, p.1154-1155)

Esta tarefa da infância mostra o quanto as crianças vivem o tempo presente, são contemporâneas e têm a capacidade de rememorar o novo. Elas veem o mundo de uma perspectiva diferente da do adulto. Portanto, desenvolver uma pesquisa com as crianças e não sobre elas exige do pesquisador um desdobramento de olhares, na tentativa de ver o que elas veem para buscar, interpretar e analisar seus discursos e as respostas que dão aos discursos a elas dirigidos. Nesta via, este livro traz uma importante contribuição, pois não apenas teoriza sobre metodologia de pesquisa etnográfica, que envolve as interações e interlocuções de crianças de 5 e 6 anos de idade, na escola, como opera muito bem com os registros de campo.

Na leitura do livro, as indagações suscitadas pelo texto Arendt ecoam e oscilam em relação às oportunidades de insurgência do novo. Nos discursos religiosos proferidos na escola há uma tensão entre a intenção de docilizar as crianças e até mesmo de exercer o poder sobre elas e o que elas fazem com eles, como os respondem. Na medida em que intencionam conte-las, a crianças escapam.

Este prefácio-apresentação é um convite à leitura, ao desfrutar de uma trajetória de pesquisa bem fundamentada que aborda os discursos religiosos, que são muitas vezes naturalizados e invisibilizados, numa escola de educação infantil.

Patricia Corsino
Professora da Faculdade de Educação e do PPGE-UFRJ

A laicidade, que coloca o ambiente escolar acima de crenças e disputas religiosas, alheio a todo o dogmatismo sectário, subtrai o educando, respeitando-lhe a integridade da personalidade em formação, à pressão perturbadora da escola quando utilizada como instrumento de propaganda de seitas e doutrinas.

(Manifesto dos Pioneiros da Educação Nova, 1932)

LISTA DE SIGLAS

Anped	Associação Nacional de Pesquisadores em Educação
CNBB	Conferência Nacional de Bispos do Brasil
CNCC	Comissão Nacional Criança e Constituinte
IBGE	Instituto Brasileiro Geográfico e Estatístico
Ipai-RJ	Instituto de Proteção e Assistência à Infância do Rio de Janeiro
LDB	Lei de Diretrizes e Bases
PPGE-UFRJ	Programa de Pós-Graduação em Educação da Universidade Federal do Rio de Janeiro
OLÉ	Observatório da Laicidade do Estado
SME	Secretaria Municipal de Educação

SUMÁRIO

INTRODUÇÃO 19

CAPÍTULO 1
ENTRE ABSTRAÇÕES E DISTANCIAMENTOS DO CRONISTA:
QUESTÕES METODOLÓGICAS.. 33
    1.1 A pesquisa com crianças..36
    1.2 Percurso metodológico da pesquisa 40

CAPÍTULO 2
LEITURAS EM QUE CONFIO PARA TECER CRÔNICAS:
BAKHTIN E O DISCURSO RELIGIOSO 45
    2.1 Discurso: compondo o mosaico 45
    2.2 Gêneros discursivos, esferas de circulação, tema e significação 51

CAPÍTULO 3
O CRONISTA E A REALIDADE: RELIGIÃO, INFÂNCIA
E ESCOLA PÚBLICA... 65
    3.1 O Ensino Religioso na escola pública..66
    3.2 História e política da educação infantil no Brasil: a religião em questão.........77

CAPÍTULO 4
ESCREVENDO CRÔNICA: O DISCURSO RELIGIOSO NUMA
ESCOLA DE EDUCAÇÃO INFANTIL NO MUNICÍPIO DE
DUQUE DE CAXIAS (RJ).. 87
    4.1 Contextualizando o município de Duque de Caxias, a escola, o entorno,
    a turma, as crianças e os adultos 88
        4.1.1 A escola e seu entorno..89
        4.1.2 A comunidade escolar..92
        4.1.3 A turma: situando as relações entre adulto-adulto, adulto-criança
        e criança-criança...94
    4.2 A presença do discurso religioso na escola 98
        4.2.1 Os discursos religiosos entre os adultos 100
            4.2.1.1 O que revelam as paredes da escola?................................100
            4.2.1.2 Evangelizar é preciso: folhetos e convites distribuídos para os adultos........109

4.2.1.3 Mamãe, presentão de Deus: o gênero musical endereçado aos responsáveis....111
4.2.2 Os discursos religiosos endereçados às crianças...........................112
    4.2.2.1 O teatrinho do Dia das Crianças 113
    4.2.2.2 *Quem vai orar?!*: as orações em sala de aula 115
    4.2.2.3 *Não faz isso, Deus não gosta!*: as reprimendas de cunho religioso 118
    4.2.2.4 *Quem fez a chuva foi Deus!*: o discurso religioso nas atividades.................120
4.2.3 Os discursos religiosos entre as crianças 122
    4.2.3.1 *Tá errado, Jesus não gosta*: a apropriação do discurso religioso adulto pelas crianças 122
    4.2.3.2 Escola não é igreja 124
    4.2.3.3 *Não somos da Igreja*: os efeitos colaterais do discurso religioso para as crianças ... 126
4.3 Temas, gêneros, contextos enunciativos..127

CONSIDERAÇÕES FINAIS 131

REFERÊNCIAS 139

INTRODUÇÃO

> *O cotidiano é feito, em sua maior parte, de banalidades, mesquinharias e irritações, esteja você em Paris ou em Barbacena. Observá-las, chamar atenção para elas por meio de linguagem escrita, transformando-as em breves momentos poéticos, é tarefa que requer distanciamento, capacidade de abstração, certa maturidade vivencial — trabalho de cronista.*
> (Bernardo Ajzenberg)

O cronista realiza um trabalho investigativo. Capta, no cotidiano, os acontecimentos considerados corriqueiros ou até mesmo banais e os problematiza. Observa o ocorrido, detém-se sob ele e busca apurá-lo. Debruça-se sobre o fato e dá a ele relevância, colocando holofotes e iluminando para os leitores aquilo que até então passava despercebido, para dar fôlego aos pensamentos e alicerçar as reflexões deles. Por isso, seu trabalho, de certa forma, está muito próximo ao realizado pelo pesquisador em Ciências Humanas, na medida em que este também busca fazer conhecer algo sobre o objeto. Assim, a escrita narrativa da crônica envolve mais do que a simples descrição de fatos, já que é atravessada por leituras e reflexões que inspiram o cronista.

Por outro lado, o pesquisador, em sua escrita, diferencia-se do cronista por apresentar um compromisso com o rigor teórico-metodológico que sustenta suas reflexões. A escrita acadêmica requer uma fundamentação que atravessa todos os momentos do percurso investigativo, ao passo que a crônica pressupõe uma narrativa mesclada pela subjetividade na descrição dos processos observados, sendo, portanto, suas respectivas textualidades marcadas pela distinção de tons em seus discursos, ainda que estejam expondo os mesmos objetos.

Entre os passos metodológicos seguidos pelo pesquisador, o primeiro é a preparação para a entrada em campo para observar e registrar o familiar, estranhando o que até então era tido como comum. Em seguida, é preciso distanciar-se para analisar os materiais produzidos ao longo da investigação. O passo seguinte, a análise, vai sendo tecido na interlocução com as diferentes leituras. Durante o processo, ocorrem escolhas e novas leituras. Pouco a pouco, o pesquisador vai amadurecendo suas observações, e o texto vai sendo organizado, revisado, até chegar a um acabamento possível.

Já a narrativa, de acordo com Walter Benjamin, é uma forma de trabalho artesanal, que permite ao narrador mergulhar em sua própria vida, para introduzi-la no que é narrado e imprimir suas marcas pessoais no que conta, sendo essa, pois, o relato da experiência do narrador, seja na qualidade de quem viveu, seja na de quem a relata.

Dessa forma, a narrativa tem como natureza uma dimensão utilitária. O narrador é aquele que sabe dar conselhos. Aconselhar implica não dar repostas prontas, mas sim envolver o outro na história narrada, de forma a levá-lo a refletir, dar continuidade ao que ouve, e, tal como o narrador, deixar suas próprias marcas no relato que lhe foi transmitido. O narrador não ensina a como reproduzir uma história, mas a como perpetuá-la na coletividade, atualizando-a (BENJAMIN, 1993). Os conselhos do narrador são tecidos na substância viva da existência: a sabedoria. A perda da narrativa deve-se ao fato de que a "[...] sabedoria — o lado épico da verdade — está em extinção" (p. 201).

Benjamin traz uma reflexão a respeito do desaparecimento do narrador confrontando-o com o surgimento da imprensa jornalística. O autor discorre sobre a importância da narrativa e reflete sobre a sabedoria, a experiência, a memória e sobre o processo de extinção da narrativa, que se tornou notório após a Primeira Guerra Mundial. Os combatentes voltaram pobres de experiências comunicáveis, porque foram silenciados pelos horrores da guerra. Desse modo, era empobrecida a faculdade de as experiências serem intercambiadas.

Para o autor, a informação expressa pela notícia precisa ser compreensível em si mesma e ter verificação imediata. Os fatos já chegam acompanhados de explicação. O seu valor está na novidade. Já a narrativa tem como metade de sua arte evitar explicações. O extraordinário e o miraculoso são narrados com exatidão, mas não é imposto ao leitor o contexto psicológico da ação. O leitor é livre para interpretar o episódio narrado, atingindo assim uma amplitude inexistente na informação. A narrativa conserva o seu valor e é sempre capaz de desenvolver-se, podendo ser retomada várias vezes, assumindo diferentes sentidos e interpretações para o ouvinte.

No entanto, Benjamin (1993) considerava que a crônica era o gênero épico "[...] cuja inclusão na luz pura e incolor da História escrita é mais incontestável" (p. 209). Isso ocorre porque o historiador aproxima-se dos fatos ao encará-los como uma forma de narração em que aquele que conta algo sempre deixa suas impressões e seus pontos de vista no relato. Tal ação é semelhante à do cronista, já que o aparecimento da crônica como gênero jornalístico trouxe uma mudança de perspectiva sobre o registro dos acontecimentos pela imprensa, o que, de certa forma, promove uma reflexão sobre todo relato que pretende atuar como discurso de verdade, o que dá visibilidade, por exemplo, à forma como a Antropologia descreve seus objetos. Portanto, a metodologia que utilizo para desenvolver este estudo aproxima-se do saber do narrador e do etnógrafo, ao procurar descrever o objeto em seu processo de devir, que o constitui, porém não como um produto acabado, cristalizado, estático, do qual um conhecimento *a priori* poderia dar conta de tratar de seu funcionamento.

Mas o que é o método etnográfico? Essa pergunta, tão simples, suscita muitas respostas. Dentre elas, a de que a Etnografia não é um método, conforme afirma Geertz (2008). Então, do que se trata a Etnografia? Qual a sua finalidade? O que faz aquele que exerce o ofício de etnógrafo? O presente texto busca responder a essas e a outras questões a respeito do assunto.

Comecemos por entender o que é a Etnografia. Aqueles que praticam a Antropologia fazem Etnografia. De acordo com Geertz (2008), a Antropologia tem como ponto central a cultura, uma teia de significações e de interpretações a qual o homem teceu e em que se inseriu. A Antropologia é uma ciência que busca interpretar a cultura, que requer, em si mesma, uma explicação. A compreensão da análise antropológica como conhecimento é antecedida pelo entendimento do que é etnografia. Praticar a etnografia é estabelecer relações, selecionar informantes, transcrever textos, levantar genealogias, mapear o campo, entre outras coisas. A sua prática é definida pelo esforço intelectual que ela representa: uma descrição densa.

Para Geertz (2008), a descrição densa é o objeto da etnografia. A descrição densa consiste em uma hierarquia estratificada de estruturas significantes em torno das quais as diferentes ações e os vários gestos, fatos etc. são produzidos, percebidos e interpretados (RYELE *apud* GEERTZ, 2008). Em outras palavras, trata-se de uma construção própria a partir da produção de outras pessoas com o objetivo de compreender alguma coisa. Em sua descrição, o etnógrafo traz, na informação de fundo, antes da coisa em si, as estruturas de significação escolhidas por ele. O etnógrafo depara-se com uma multiplicidade de estruturas conceptuais complexas e estranhas, as quais ele precisa, de alguma forma, apreender para depois registrá-las. Isso acontece em todos os níveis de atividade de campo: na entrevista com os informantes, na observação de rituais, no traçar prioridades, na escrita no diário de campo, entre outras. A escrita do etnógrafo traz sempre as suas interpretações e/ou percepções. A etnografia é uma descrição densa, *trabalho quase que de um crítico literário* (GEERTZ, 2008).

Fazer etnografia é como tentar ler,

> [...] no sentido de construir uma leitura de um manuscrito estranho, desbotado e cheio de elipses, emendas suspeitas e comentários tendenciosos, não escritos com os sinais convencionais do som, mas com exemplos transitórios do comportamento modelado (GEERTZ, 2008, p. 7).

O comportamento humano é cheio de sentidos e significados, que variam de acordo com o contexto em que são produzidos, apreendidos e interpretados. Perguntas norteadoras diante do comportamento humano são: qual é a sua importância? O que está sendo transmitido com a sua ocorrência a partir de seus agentes? Essas perguntas ajudam a compreender qual o discurso que está sendo escrito. Tal compreensão vai além de uma simples interpretação, já que implica expor a normalidade sem diminuir a particularidade do discurso inscrito. Consiste em interpretar o ponto de vista dos agentes com base nas informações do sistema simbólico.[1] "As descrições realizadas no fazer etnográfico devem ser encaradas como interpretações às quais as pessoas de uma denominação particular submetem sua experiência, uma vez que isso é que elas professam como descrições" (GEERTZ, 2008, p. 11). As análises antropológicas penetram no próprio corpo do objeto estudado e interpretam as pretensões dos informantes e depois sistematizam-nas. Desse modo, ocorre um trabalho interpretativo de segunda, terceira e, até mesmo, quarta mão, pois somente os informantes podem fazer uma interpretação de primeira mão.

A escrita etnográfica é a descrição densa realizada a partir da experiência do etnógrafo na cultura a qual se propõe a ler. Durante o processo de interpretação e descrição, é usada a imaginação, pois o etnógrafo, com base em suas construções e em seus modelos preconcebidos, imagina possíveis significados a serem atribuídos pelos seus informantes diante do sistema simbólico em que estão inseridos. A descrição é um ato de imaginação (GEERTZ, 2008). Dessa forma, isso traz à tona uma comparação com descrições imaginárias realizadas pelos literatos, cronistas, poetas, romancistas. A descrição real diferencia-se da imaginária pelas condições de sua criação e o seu enfoque, mas "[...] ambas não deixam de serem fabricações" (GEERTZ,

---

[1] O autor utiliza o símbolo com o sentido de objeto, ato, acontecimento, qualidade ou relação que serve como veículo a uma concepção (GEERTZ, 2008, p. 67).

2008, p. 11), sendo, portanto, criações. O etnógrafo, diferentemente do literato, ao inscrever o discurso social, procura esclarecer a perplexidade do que acontece em determinados lugares. Apreende o discurso social em seus registros e o sistematiza de forma que possa ser inspecionado. A escrita etnográfica transforma o acontecimento passado, que existe apenas em seu próprio momento de ocorrência, em um relato, que existe em sua inscrição e pode ser consultado novamente.

A descrição etnográfica é apenas uma pequena parte do discurso, que os informantes podem levar o etnógrafo a ver, sendo interpretada por ele de acordo com as suas experiências, sejam elas da cultura estudada e/ou da sua própria cultura. Logo, a descrição etnográfica caracteriza-se por:

> [...] ser interpretativa; interpretar o fluxo do discurso social e a interpretação envolvida consiste em tentar salvar tal discurso da sua possibilidade de extinguir-se e fixá-lo em formas pesquisáveis — além de ser microscópica (GEERTZ, 2008, p. 15).

A principal tarefa da etnografia "[...] é tornar possíveis descrições minuciosas e as generalizar dentro dos casos maiores, com o objetivo de tirar grandes conclusões com base em fatos pequenos, mas intensamente entrelaçados" (GEERTZ, 2008, p. 18).

Mas onde estaria a cientificidade da etnografia? Segundo Gilberto Velho (1981), uma das premissas das ciências sociais é "[...] a necessidade de distância mínima que garanta ao investigador condições de objetividade em seu trabalho" (p. 36). Afirma ser necessário ao pesquisador imparcialidade diante da realidade observada. Isso, no entanto, não é um consenso na comunidade científica, pois é reconhecida a noção de que existe um envolvimento inevitável com o objeto de estudo, o que não é considerado um defeito, nem uma imperfeição. Tal questão é importantíssima no que diz respeito à Antropologia e àquele que a faz. No exercício do ofício do etnógrafo, busca-se conhecer certas áreas ou dimensões da sociedade. Desse modo, são necessários um contato ou uma vivência por um longo prazo em uma determinada cultura, o que exige um esforço de observação e empatia. "A ideia de pôr-se no lugar do outro e captar suas experiências particulares exige um mergulho em profundidade, difícil de ser precisado e delimitado em termos de tempo" (VELHO, p. 37). Como se inserir em uma cultura sem se envolver com ela? Coloca-se na berlinda a questão da distância social e da distância psicológica.

Roberto Da Matta (1981) situa essa questão com propriedade ao tratar da trajetória antropológica em transformar o "exótico em familiar" e o "familiar em exótico". O autor afirma que o processo de pesquisa etnográfica passa por três fases fundamentais: teórico-intelectual, período prático e pessoal. Essa última merece destaque ao se falar da questão do distanciamento. Na fase pessoal, não há mais etapas da formação científica, mas, como uma fase de prolongamento das outras, espera-se que nela seja contemplado todo o esforço e o trabalho anterior. Procura-se, na fase pessoal, conciliar a teoria e a prática do ofício de etnógrafo. Porém, o pesquisador, ao se deparar com a cultura a qual está investigando, percebe a diferença entre o descrito nas referências bibliográficas estudadas e nota que muito do que foi lido é o relato de uma experiência vivida numa determinada cultura, afirma Da Matta (1981).

Para o autor, "[...] a Antropologia é uma disciplina da troca e da mediação" (p. 27). Com isso, ela busca estabelecer uma ponte entre dois universos de significação, sendo realizada com um mínimo de aparato institucional ou de instrumentos de mediação, que são sujeitos à influência dos ingredientes presentes em qualquer relação de contato humano, como, por exemplo: fobias, temores, temperamentos etc. A pesquisa de campo é repleta de subjetividades presentes nas relações humanas. Ao assumir o lado humano e o lado fenomenológico da disciplina, o etnógrafo abre a possibilidade de interpretação das subjetividades. Desse modo, realiza o que Da Matta (1981), inspirado em Jean Carter Lave,[2] denomina *anthropological blues*. Essa, por sua vez, "[...] visa investigar e descobrir, de um modo mais sistemático, os aspectos interpretativos do ofício de etnógrafo" (DA MATTA, 1981, p. 27). Trata-se do reconhecimento das subjetividades e da incorporação delas no campo, mesmo nas rotinas oficiais, tido como algo que faz parte do treinamento do antropólogo, os aspectos extraordinários, que emergem em todo relacionamento humano. De fato,

> [...] só se tem Antropologia quando se tem de algum modo o exótico, e o exótico depende, invariavelmente, da distância social, e esta tem como componente a marginalidade, e a marginalidade se alimenta de um sentimento de segregação e a segregação implica o estar só e tudo desemboca na liminaridade e no estranho (DA MATTA, 1981, p. 28).

De acordo com Da Matta (1981), o trabalho do etnógrafo é aprender a realizar uma dupla tarefa presente, grosso modo, nas seguintes fórmulas: transformar o exótico em familiar e/ou o familiar em exótico. Em ambos os

---
[2] De acordo com Da Matta (1981), Jean Carter Lave foi a precursora do termo *Anthropological Blues*. Ela usou o termo pela primeira vez em uma carta de campo ao tratar dos seus medos, anseios, temores.

casos, é necessária a presença dos termos familiar e exótico, que representam dois universos de significação e uma vivência do universo familiar e do universo exótico por um mesmo sujeito, disposto a situá-los e apanhá-los. Transformar o exótico em familiar corresponde à busca por enigmas sociais situados em universos de significação sabidamente incompreendidos pelos meios sociais de seu tempo, movimento original da Antropologia. Já o familiar em exótico ocorre no movimento de se investigar a própria sociedade da qual o investigador faz parte, estranhar alguma regra social familiar e, com isso, descobrir o exótico no que está petrificado dentro da sociedade em que se está inserido pela retificação e os mecanismos de legitimação, o que corresponde ao momento atual da ciência antropológica. Em ambos os casos, faz-se presente um elemento que se insinua na prática etnográfica, mas que não estava sendo esperado: o sentimento e a emoção — a intrusão da subjetividade e da carga afetiva, na rotina da pesquisa etnográfica, como um elemento sistemático da situação a ser descrita.

Além disso, ambas as fórmulas conduzem o encontro com o outro e o estranhamento, mas se distinguem pela maneira de descrever as subjetividades e as cargas afetivas. "Na fórmula de transformar o exótico em familiar, há a descrição do encontro daquilo que a cultura do etnógrafo considera bizarro" (DA MATTA, 1981, p. 29), o que se aproxima da narrativa épica. A viagem do etnógrafo é descrita como a do herói clássico, havendo três momentos distintos: a saída da sociedade, o encontro com o outro nos confins de seu mundo social e o retorno triunfal. No último momento, o etnógrafo narra a sua experiência, narrativa essa carregada de comparações culturais e de ênfase no que lhe é exótico, de modo a se aproximar, e muito, das dos heróis épicos. No entanto, na fórmula de transformar o familiar em exótico, a narrativa traz questionamento acerca da cultura em que o investigador está inserido. Isso é como se, ao mergulhar dentro da própria cultura a fim de captar seus exotismos, aquilo que até então estava cristalizado fosse problematizado, trabalho muito próximo do realizado pelo cronista. Em ambas as fórmulas, as narrativas são repletas de imprecisões e nunca serão perfeitas, tal qual aquilo que foi descrito. O fazer antropológico é fundamentado na alteridade e na empatia e, à medida que o etnógrafo se debruça sobre as teias dos discursos sociais para lê-las, envolve-se com os agentes que as tecem em suas relações.

Logo, faz parte do trabalho etnográfico a interpretação e a subjetividade. A interpretação estará sempre presente na maneira pela qual o observador apreende a realidade social, o que é realizado com base em suas experiências anteriores, de acordo com o seu ponto de vista, único e próprio. Uma mesma realidade pode ser interpretada de maneiras diferentes. O processo de interpretação vem acompanhado das subjetividades existentes em toda e qualquer relação humana. Nelas, estão presentes sentimentos, pensamentos, intenções, afetos, desafetos, enfim, uma carga emocional que, quase sempre, não se descola das experiências dos sujeitos, tanto pesquisadores quanto pesquisados. "A Antropologia não busca fazer uma ciência sem rigor, mas sim reconhece a necessidade de perceber o rigor científico enquanto objetividade relativa, mais ou menos ideológica e sempre interpretativa" (VELHO, 1981, p. 42-43).

Tal afirmativa vai ao encontro de boa parte das questões suscitadas neste texto. Muitas delas estão relacionadas à investigação à qual me proponho em minha dissertação de mestrado. Nela, objetivo conhecer e analisar os discursos religiosos que estão presentes na teia de significados tecidos na instituição que me serviu de campo da pesquisa. Além disso, faço a análise dela com base na interpretação dos agentes neles envolvidos. No entanto, a teia de significações investigada e os seus discursos e as outras existentes e seus respectivos diferentes tipos de discurso são repletos de interpretações e de subjetividades. Esse aspecto, por sua vez, ganha maior destaque ao se tratar dos discursos religiosos, pois já está relacionado, direta ou indiretamente, às crenças dos informantes e do pesquisador. Então, pode-se dizer que os discursos religiosos são um objeto processual, aquele que é ligado à produção de subjetividade, de acordo com Barros e Kastrup (2010). Logo, um objeto processual requer uma pesquisa igualmente processual (BARROS; KASTRUP, 2010, p. 59). A etnografia dá conta de acompanhar o processo de produção de subjetividades, em especial no que diz respeito à descrição densa. Como foi dito anteriormente, a descrição densa consiste em uma hierarquia estratificada de estruturas significantes a partir das quais os diferentes gestos, fatos e as variadas ações etc. são produzidos, percebidos e interpretados (RYELE *apud* GEERTZ, 2008). Também abrange, no seu fazer, as experiências do observador, suas interpretações e subjetividades. A descrição densa acompanha todos os níveis de atividades do campo: entrevistas com os informantes, observação participante etc. À medida que o investigador constrói os seus registros do campo, ele se inclui, traz as vozes do campo e a sua. Conforme Barros e Kastrup (2010), a construção do campo, a partir dos registros, ocorre em função do estranhamento não ser dado, mas ser, ao contrário disso, um processo que se forma nas relações com os informantes. Dessa maneira, proponho-me a realizar uma pesquisa de inspiração etnográfica em função das suas importantes contribuições na captação dos discursos religiosos e de seus significados e sentidos inscritos no discurso social da escola investigada.

Esta obra busca iluminar um tema que, embora leve a grandes questionamentos teóricos sobre a prática educacional, tem sido pouco investigado sob a óptica da laicidade nas pesquisas acadêmicas, como veremos mais à frente: a presença do discurso religioso na educação infantil.

Consideramos como discursos religiosos os gêneros discursivos próprios do domínio religioso como a pregação, a oração, os versículos bíblicos, as histórias bíblicas, as canções. Para Bakhtin (2006), os diversos campos da atividade humana estão ligados à linguagem e, embora cada enunciado particular seja individual, cada campo de utilização da língua elabora seus tipos, relativamente estáveis, de enunciados, de forma que cada um desses tipos seja denominado *gênero do discurso*. Portanto, esta pesquisa se propôs a conhecer os gêneros discursivos do campo religioso que circulam na escola de educação infantil investigada, a quem se dirigem, como são respondidos e quais são as suas finalidades.

A presença da religião nas escolas públicas é um tema polêmico que, há muito tempo, vem sendo discutido no âmbito das políticas, mas que só recentemente tem ganhado expressão nas produções acadêmicas. Os levantamentos no banco de teses e dissertações do Observatório da Laicidade do Estado (OLÉ), com trabalhos produzidos de 1995 a 2012, e do Observatório da Laicidade na Educação (OLÉ), de 2005 a 2021, mostrou que os trabalhos tomaram fôlego nas últimas duas décadas com abordagens distintas, que vão do que acontece no chão da escola às disputas políticas. Foram contabilizadas, no Observatório da Laicidade do Estado, 89 produções. Dessas, 82 são dissertações de mestrado e 7 são teses de doutorado. Já no Observatório da Laicidade na Educação, o total de teses e dissertações foi de 301 produções, sendo 232 dissertações e 69 teses. É importante mencionar que ambos tiveram como fonte de dados o banco de teses e dissertações da Capes e o número de produções comuns aos dois eram pequenas. No entanto, a maior parte das produções giram em torno da disciplina Ensino Religioso (ER) em seus diferentes aspectos, tais como o cotidiano da escola, a formação de professores e o ensino da moral e dos valores. Relacionando a religião na escola pública à educação infantil, verificam-se apenas 5 dissertações. Sob a perspectiva da laicidade, há apenas uma e não foram identificados estudos que se voltem para o ponto de vista do sujeito criança, entendido na sua especificidade. Esse levantamento mostra a relevância deste estudo, que tem como tema a presença da religião na educação infantil.

Desde as primeiras propostas de educação para a pequena infância, as pesquisas históricas revelam a estreita relação entre essa etapa educacional e a religião (KULHMANN JR., 2000; KRAMER, 1982). As primeiras creches foram marcadas por ações de caridade e/ou de filantropia e, sendo administradas por freiras ou voluntárias em exercício da caridade, não prescindiam de ensinamentos religiosos para as crianças pobres a quem se destinavam. Já as pré-escolas, especialmente as que seguiam as propostas pedagógicas de Froebel e Montessori, apresentavam orações nas suas rotinas, seja com rezas no começo do dia e na hora das refeições, seja com canções religiosas em diversas situações do cotidiano. A moralização e o ensino de preceitos religiosos, além de comuns na educação das crianças pequenas, eram concebidos como algo que fazia parte dessa etapa educacional, até mesmo nas primeiras pré-escolas fundadas no início do século XX pelos republicanos, defensores da separação entre a Igreja Católica e o Estado brasileiro. Passados mais de um século, estudos (BRANCO; CORSINO, 2006; CAVALIERE; CUNHA, 2007; CORSINO, 2003; CUNHA, 2007; LIMA, 2008; dentre outros) apontam a presença de rezas, histórias e canções religiosas utilizadas pelos adultos para ensinar às crianças valores morais, tidos como essenciais para a manutenção da ordem e da disciplina.

Sobral (2008), com base nos estudos de Bakhtin, distingue texto e discurso. Considera texto — em qualquer que seja sua materialidade, som, imagem, sinais etc. — como unidade linguístico-composicional. Quanto ao discurso, considera-o processo de mobilização de textos para a realização de projetos enunciativos. Nessa perspectiva, o texto traz potenciais de sentidos, realizados apenas na produção do discurso. O discurso vem de alguém e dirige-se a alguém (ou seja, é "endereçado"), o que modula sua arquitetônica. Além disso, traz em si um tom avaliativo, ao mesmo tempo que remete a uma compreensão responsiva ativa da parte do seu interlocutor típico. Os discursos organizam-se em enunciados que, como Bakhtin (1992) afirma, incluem os ditos e os não ditos, os presumidos, gestos e acentos apreciativos, além de serem situados em um determinado contexto social e carregados de um conteúdo e/ou um sentido ideológico ou vivencial. Os discursos são produzidos nas esferas de circulação de sujeitos, são organizados pelo locutor como um todo enunciativo com a finalidade de ser compreendido por um outro. Todo corpo físico pode ser percebido como símbolo, conforme observado na citação a seguir:

> Convertendo-se em signo o objeto físico que, sem deixar de fazer parte da realidade material, passa a refletir e a refratar uma outra realidade. E toda imagem artístico-simbólica ocasionada por um objeto físico particular já é um produto ideológico (BAKHTIN, 1992, p. 31).

Nessa perspectiva, a realidade sígnica pode ser tomada como texto, mas também como discurso na medida em que é endereçada. Neste trabalho, serão considerados discursos desde a materialidade do espaço, como seus objetos e materiais, até os gestos, as falas, com suas entonações e acentos apreciativos, as propostas de atividades (jogos, brincadeiras, leituras), as conversas informais de crianças e adultos em interação. Cabe ressaltar que, para Bakhtin, cada esfera ou campo da atividade humana produz seus gêneros discursivos próprios, que são marcados pelo tema ou conteúdo, pela construção composicional e pelo estilo. Assim, a escola seria uma esfera de circulação de vários gêneros discursivos, cada um deles com sua estrutura composicional mais ou menos estável, seu tema ou conteúdo e seu estilo. Os gêneros são organizados segundo as intenções comunicativas e os interlocutores — já que eles se endereçam — e de maneira própria — o estilo.

Além do conceito de discurso, também será referência deste trabalho a visão de Geertz (2011) segundo a qual "[...] a religião ajusta as ações humanas a uma ordem cósmica imaginada e projeta imagens da ordem cósmica no plano da experiência humana" (p. 67). Essa perspectiva, ao ser somada à visão de Bakhtin, marca, como religioso, todo discurso em que o tema ou o conteúdo está relacionado à ideia de transcendentalidade, à remissão ao mundo metafísico, ao sobrenatural, à intenção de estabelecer padrões morais, éticos e estéticos, bem como ao estilo de cada gênero em um determinado contexto enunciativo. Nesse sentido, para atingir os interlocutores, esse conteúdo apresenta-se de uma determinada forma (estrutura composicional e estilo) e entrelaçando, dessa maneira, forma e conteúdo.

Diante da presença dos discursos religiosos em escolas públicas de educação infantil, esta pesquisa tem como objetivo analisar a circulação deles em uma escola de educação infantil da rede pública municipal de Duque de Caxias. Almejou saber quais os discursos religiosos que circulam na esfera escolar estudada, a quem se dirigem e quais respostas recebem por parte da comunidade como um todo e, em especial, pelas crianças.

Tais objetivos suscitaram várias questões. Entre elas, destacam-se: de que forma a presença da religião na escola estudada inscreve-se no contexto das políticas públicas? Quais são os contextos que favorecem a produção desses discursos religiosos na escola e quais são as concepções de infância e de educação infantil que lhes são subjacentes? Quais são as funções que esses discursos exercem nas interações? A quem esses discursos são endereçados? Como, especialmente, as crianças significam e respondem a esses discursos?

Para responder a essas questões, foi realizada uma pesquisa qualitativa, de inspiração etnográfica, numa turma de crianças de 5 a 6 anos de idade do turno da manhã. A pesquisa contou com entrevistas semiestruturadas e informais, além de observações participantes, durante oito meses, de outubro de 2010 a agosto de 2011. Nesse período, voltei o olhar para conhecer os discursos religiosos que circulam na escola; observar os símbolos religiosos e seus usos; analisar os conteúdos, as formas de articulação e os estilos desses discursos religiosos; conhecer e analisar as funções que esses discursos exercem nas interações entre adultos e crianças; e investigar os significados atribuídos aos discursos religiosos produzidos na escola.

As observações eram iniciadas durante o horário de entrada das crianças, aferindo como elas eram recebidas e conduzidas, quem as trazia, quais eram as primeiras atividades etc. Assim, também foram acompanhados os momentos que estavam fora das atividades dirigidas pela professora ou estimuladora em sala, por exemplo, as brincadeiras no pátio, as reuniões com os responsáveis, conversas informais entre os pesquisados (criança-criança, adulto-criança, adulto-adulto), entre outros. Durante o acompanhamento da turma, não só houve a observação e o registro dos acontecimentos, seja por foto, anotações em caderno de campo e em áudio, como também a participação como membro do grupo observado, por se tratar de crianças pequenas.

Foram realizadas entrevistas informais com a professora, a estimuladora/auxiliar da turma e a diretora. Na técnica usada, o pesquisador procura dirigir as conversas de acordo com os seus objetivos. Nesse caso, era captar se havia a emissão de discursos religiosos nessa instituição e, em caso positivo, de que forma esse tipo de enunciado era adotado nessa escola, no trato com as crianças pequenas. As entrevistas foram registradas por escrito ou em áudio.

Esta obra é dividida em quatro capítulos. O primeiro aborda a justificativa do estudo; a relevância do tema para a pesquisa em educação; os objetivos, divididos em geral e específico; as questões de estudo e a metodologia que subsidiou a aproximação do objeto de estudo em busca de respostas às questões levantadas. O segundo apresenta a teoria bakhtiniana de discurso que serviu de base para analisar os eventos de campo. O terceiro contextualiza as questões e as tensões do Ensino Religioso na escola pública e traz a história da educação infantil e sua articulação com a presença da religião. O capítulo quatro traz a análise dos dados do campo empírico com a identificação de gêneros discursivos do domínio religioso que circulam na escola, suas intenções e seus interlocutores. As observações evidenciaram a naturalização da presença de discursos religiosos na escola pública investigada, que se apresentou como difusora de um credo em detrimento de outros, desconsiderando a laicidade do espaço público e a diversidade religiosa.

CAPÍTULO 1

ENTRE ABSTRAÇÕES E DISTANCIAMENTOS DO CRONISTA: QUESTÕES METODOLÓGICAS

> *Chega mais perto e contempla as palavras*
> *Cada uma*
> *Tem mil faces secretas sob a face neutra*
> *e te perguntas, sem interesse pela resposta,*
> *pobre ou terrível, que lhe deres*
> *Trouxeste a chave?*
> *(Carlos Drummond, 1945)*

Para Bakhtin (2006), a linguagem é compreendida como eixo central das Ciências Humanas. Segundo sua perspectiva, nas Ciências Humanas, é preciso romper a relação entre sujeito e objeto. Entre pesquisador e pesquisado, deve se estabelecer uma relação entre sujeitos. Os sujeitos pesquisados não podem ser percebidos nem estudados como objetos ou coisas, porque têm voz e, nas interações, vivem um processo dialógico, bastante distinto da perspectiva monológica da relação entre sujeito e objeto. Isso muda o eixo da pesquisa, que passa da explicação, produto de uma só consciência, para a compreensão da produção de sentido em determinado contexto, realizada a partir dos signos presentes em todos os atos humanos e recriados nas interações (CORSINO, 2003). Uma vez que o principal objetivo das Ciências Humanas é compreender as ações e as inter-relações humanas e suas produções de sentido, elas são, portanto, consideradas como ciências do discurso.

Segundo Amorim (2004), para Bakhtin, o conhecimento entre pesquisador e pesquisado constrói-se e desconstrói-se no diálogo. O diálogo toma vida na medida em que "[...] o discurso se forma na produção de uma linguagem compartilhada" (SOUZA, 2003, p. 87). Esse processo de descoberta e conhecimento é inerente ao deslocamento e à alteridade. Amorim (2004) atribui à alteridade uma dimensão de estranheza. Isso ocorre porque ele a entende como algo para além da diferença, um distanciamento, ou seja, uma suspensão da evidência. Além disso, considera que a atividade de pesquisa é entendida como "[...] uma espécie de exílio deliberado, onde há uma tentativa de ser hóspede e anfitrião ao mesmo tempo" (p. 26). Nesse sentido, o pesquisador torna-se hóspede no momento em que é recebido e acolhido no campo e anfitrião ao receber e acolher o estranho; e, ao deslocar-se em direção a ele na busca de ouvi-lo, constrói-se uma escuta alteritária, que pode traduzir e transmitir o que o outro tem a dizer. A alteridade do pesquisador é constituída a partir da tentativa de compreender e dialogar com o pesquisado. No entanto, isso não apaga as diferenças existentes entre eles. O sujeito pesquisado ocupa o lugar de um outro, de objeto de estudo. A relação de alteridade entre o sujeito a conhecer e o sujeito cognoscente emerge na diferença do lugar de construção do saber. "O pesquisador se torna estrangeiro pelo fato de pretender estudar o outro" (p. 31).

O conceito bakhtiniano de exotopia sustenta essa relação entre o eu e o outro. "Cada sujeito ocupa um lugar que lhe é próprio e é deste lugar exterior" (BAKHTIN, 2006, p. 14) que compreende o outro, que dá o acabamento pelo seu excedente de visão. Na pesquisa, faz-se necessário o desdobramento de olhares. Torna-se necessário o deslocar-se, desdobrar-se, afastar-se das crenças particulares para chegar mais perto do objeto/sujeito. Estranhar aquilo que é familiar, olhar de um lugar exterior, sob uma perspectiva diferenciada o que parece próximo. A aproximação e o distanciamento são movimentos necessários ao pesquisador para se compreender os diferentes sujeitos da pesquisa. O olhar exotópico, abrangente e complexo, expande-se para procurar ver o que o outro vê. O desdobramento do olhar leva o pesquisador não só a sair de seu lugar e estranhar o familiar como a se colocar no lugar do outro, voltar ao seu e tentar mostrar o que o outro vê. É como o retratista que tenta entender o ponto de vista do retratado, mas não se funde com ele. Do seu lugar exterior, situa o retrato num dado ambiente, que é aquilo que cerca o retrato, e em relação ao que é situado pelo artista, "[...] é uma delimitação dada pelo artista" (AMORIM, 2007, p. 96).

A alteridade é assim concebida como constitutiva da produção do conhecimento, que acontece quando o sujeito traduz o que é estranho a ele para algo que lhe é familiar (SPLINDER; SPLINDER, 1982 *apud* AMORIM, 2004). O estranhamento torna-se uma condição para todo procedimento de pesquisa, em especial o etnográfico. A imersão no cotidiano leva-nos à familiaridade com o objeto, o que precisa ser desconstruído para que se consolide como objeto de pesquisa. O estranhar a evidência para que se possa retraduzi-la no final: o movimento do familiar para o estranho e vice-versa.

A proposta de fazer uma pesquisa de cunho etnográfico levou-me a oito meses de imersão no campo e, também, aproximou-me dos estudos da Antropologia. A alteridade ocupa lugar central nos escritos antropológicos. Assim, os estudos do antropólogo americano Clifford Geertz (1978) trazem elementos para pensar a pesquisa de cunho ou de inspiração etnográfica. Aproprio-me da definição do antropólogo de etnografia, definida como uma descrição densa, em que o fazer:

> [...] é como o tentar ler ("no sentido de constituir uma leitura de") um manuscrito estranho, desbotado, cheio de elipses, incoerências, emendas suspeitas e comentários tendenciosos, escritos não como sinais convencionais de sons, mas com exemplos de comportamento modelado (GEERTZ,1978, p. 20).

Para o autor, a etnografia implica entender o homem como preso a uma teia de significados tecidos por ele mesmo, e a análise dessa teia como a interpretação dela, à procura do significado. A descrição densa consiste em perceber os fatos, as atividades, os comportamentos específicos e engajar-se em sua interpretação. O registro engloba a descrição do fato específico e seu contexto. O meu objetivo foi captar como as teias dos discursos religiosos são tecidas na escola estudada. Procurei conhecer o contexto em que os discursos são enunciados, perceber os encontros e os desencontros que permeiam o dia a dia da prática escolar, descrever ações e falas dos sujeitos, enfim, tentei colocar uma lente de aumento sobre as relações e as interações que constituem o fazer diário da escola (ANDRÉ, 1995). Isso implicou a realização de observações e registros das práticas pedagógicas, de entrevistas, de análise de documentos e a contextualização histórica e social da instituição.

Na perspectiva bakhtiniana, o contexto é fundamental, pois, na enunciação, "[...] os lugares e as condições de onde são proferidas as palavras e produzidas as interações produzem sentidos" (CORSINO; NUNES; KRAMER, 2009, p. 21).

Em sintonia com essa concepção de linguagem, busquei, nos registros de campo, trazer os enunciados e os seus contextos. Ocupei o lugar de narrador em minhas escritas, descrevendo diálogos e situações. Os registros constituíram-se como material de pesquisa que possibilitaram as interpretações.

Assim, a presente pesquisa foi escrita sob o olhar de quem busca compreender de que maneira os discursos religiosos circulam no interior de uma escola pública de educação infantil da rede municipal de Duque de Caxias, examinando criticamente a maneira como são enunciados, além de suas intenções e de suas réplicas.

Como alguns desses discursos têm como interlocutores as crianças, dirigem-se a elas e são também por elas produzidos, foi necessário pensar nas crianças e na metodologia de pesquisa apropriada para tentar compreendê-las, o que será abordado no item a seguir.

1.1 A pesquisa com crianças

> *Dentro da bolsa [...] havia o olho de vidro verde do avô morto [...]. Os meninos olhavam o olho. Possuídos pelo medo, corriam até a cozinha. Deitavam-se no colo da mãe. [...] ficavam com a respiração curta até o medo sumir. Assim, começavam tudo de novo. Pé ante pé, corpo contido devagarinho. Entravam pelo quarto da mãe, sem o menor ruído. Abriam a bolsa. Tiraram o envelope. O olho de vidro verde do avô estava aberto, sem dormir, olhando sem piscar. Os meninos que buscavam o medo, de novo se amedrontavam.*
> (Bartolomeu Campos de Queirós, 2004, p. 32)

Bartolomeu Campos de Queirós foi um mestre da literatura infantil. Ao longo de sua trajetória, escreveu várias obras destinadas às crianças, sempre pensando e refletindo sobre a infância, sobre ser criança. Na feira literária de Santa Teresa, em 2011, em que foi homenageado, afirmou que o seu sentimento de ser criança permanecia o mesmo na fase adulta. Assim se referiu ao tempo: *o tempo não passa, eu estou ancorado nele, com a fantasia do que foi passado e a fantasia do que será futuro*. Na sua perspectiva, a infância é atemporal porque permanece na memória.

Na primeira metade do século XX, o filósofo alemão e crítico da modernidade Walter Benjamin traz suas memórias de infância e constrói sua visão da criança como produtora de cultura. Traz relatos de sua infância em fragmentos, propondo uma ordem não linear de produção de sentido. Ao trazer histórias do menino Walter nos fragmentos, faz-nos pensar não apenas em sua infância, mas na infância de cada um. Para Benjamin, as crianças mudam a ordem das coisas e, por meio da brincadeira, transformam a realidade a seu redor. Não é à toa que o olho de vidro do avô era mistério, medo e também o transgredir pelo brincar. No experimentar de novo o medo e outras sensações, as crianças não simplesmente repetem, mas trazem novas perspectivas, sempre diferentes.

As ideias de Queirós e Benjamin estão sintonizadas. Ambos os pensadores trazem a infância para além de uma mera fase da vida. Eles iluminam a infância como parte da realidade, um fragmento do mosaico da realidade social (BENJAMIN, 1993). As crianças são vistas como sujeitos inseridos na sociedade, na cultura e na história, os quais, ao mesmo tempo que são alterados pelo mundo, também o alteram, construindo e desconstruindo o que está ao seu redor.

Segundo Walter Benjamin (1993), a infância é uma construção histórica, cultural e social, e as crianças são sujeitos produtores de cultura que criam seu mundo próprio dentro de um mundo maior. O conceito de infância é entendido, então, não como uma etapa cronológica que antecede a juventude e a maturidade, mas sim como um momento marcado por experiências (KRAMER, 1996). Essas, por sua vez, vão para além do imediato e constituem-se no compartilhar vivido pela narrativa. Nas interações e nas experiências partilhadas, as crianças significam e ressignificam o mundo à sua volta, descobrem-se e constituem-se como sujeitos.

Parto dessa compreensão de infância e de crianças — como agentes sociais criativos e ativos que produzem sua própria cultura, a infantil, mas que também estão inseridos no universo adulto para o qual contribuem —, a fim de observar as interações das crianças na escola investigada. Entendo que as crianças, em suas ações, trazem parte do mundo adulto, mas dão a ele novos sentidos. Há um evento da pesquisa anterior que muito me fez pensar sobre as reapropriações infantis e que serviu para construir o meu lugar de pesquisadora de/com as crianças. Foi uma situação em que crianças de 4 e 5 anos brincavam na sala e diziam umas às outras que se fizessem bagunça iriam para o inferno. Elas se olhavam e riam e, com vozes de *monstros*, repetiam que se fizessem bagunça iriam para o inferno. Eu olhava e perguntava-me: quem havia dito aquilo às crianças? Eu mesma também fui ameaçada por um enorme monstro de ser mandada para o inferno, se não me comportasse. Ali estava evidente que as crianças brincavam com algo que poderia inicialmente ter sido uma ameaça. Na brincadeira, faziam suas próprias interpretações e, com isso, a possível ameaça de um adulto ganhou novos contornos. Certamente o inferno, para aquelas crianças, não era o mesmo inferno dos adultos.

A sociologia da infância alia-se à filosofia benjaminiana e à literatura de Bartolomeu na construção do meu olhar sobre/com as crianças na pesquisa de campo. Segundo Corsaro (2011), a nova sociologia da infância surgiu a partir da ascensão da perspectiva interpretativa e construtivista da sociologia. Para o autor, a perspectiva construtivista[3] apoia-se nas teorias

---

[3] Trago aqui a classificação de Corsaro, mas ressalto que a teoria vigotskiana nem sempre é entendida como construtivista. A teoria de Vigotsky é sócio-histórica e sua concepção de desenvolvimento não linear que parte do coletivo para o individual é bem distinta da de Piaget.

de Piaget e Vigotsky ampliadas. Ambos os teóricos estudaram o papel ativo da criança no desenvolvimento humano. Piaget, a partir de seus estudos a respeito do desenvolvimento intelectual humano, acreditava que as crianças, desde seus primeiros dias, interpretam, organizam e usam informações do ambiente para construir suas concepções de mundo físico e social. Para ele, o desenvolvimento humano acontece de forma progressiva e dividida em uma série de estágios qualitativamente distintos. Esse é um importante ponto para a sociologia da infância na compreensão de que as crianças percebem e organizam o mundo de maneira distinta dos adultos.

Já Vigotsky tem como ponto central de seus estudos o desenvolvimento social da criança como resultado de suas ações coletivas, ocorridas e localizadas socialmente. As mudanças na sociedade influenciam diretamente o sujeito e exigem dele estratégias para lidar com elas conforme suas exigências. As estratégias, diante das alterações das demandas sociais, são coletivas, na interação com outras pessoas, e são vistas por Vigotsky como essenciais no desenvolvimento psicossocial. A criança, nas suas interações e atividades práticas com outras pessoas, tanto adultos quanto crianças, adquirem novas competências e conhecimentos, entendidos como a transformação dos anteriores. Na teoria vigotskiana, a apropriação da cultura pelos indivíduos se realiza pela e na linguagem, tida como elemento que significa a cultura e como ferramenta simbólica de participação nela. "Vigotski argumenta que a linguagem, assim como os sistemas de ferramentas, é criada pelas sociedades ao longo da história e alterada com o desenvolvimento cultural" (CORSINO, 2011, p. 26).

Corsaro (2011) postula, ainda, que as ampliações das teorias construtivistas, que se sucederam aos estudos dos dois autores, reafirmam que as ações coletivas, no contexto social, são essenciais para o desenvolvimento infantil e de todos os seres humanos. Esses estudos trazem a importância de compreensão da ação coletiva infantil e da construção das crianças de sua própria cultura de pares.

Na perspectiva da nova sociologia da infância, a socialização das crianças passa a ser entendida para além dos processos de adaptação e internalização da cultura. Levam-se em consideração as apropriações, as reinvenções e as reproduções das crianças. O termo socialização, visto como uma conotação individualista e de vir a ser, é substituído pelo de reprodução interpretativa. Corsaro (2009) explicita que a reprodução interpretativa captura:

> [...]os aspectos inovadores da participação das crianças na sociedade, indicando que as crianças criam e participam de suas culturas de pares singulares por meio da apropriação de informações do mundo adulto de forma a atender seus próprios interesses enquanto crianças (p. 31).

As crianças não apenas internalizam a cultura, elas contribuem, de maneira ativa, na produção e na mudança cultural à medida que afetam e são afetadas pela sociedade e pelas culturas das quais fazem parte. As crianças integram as culturas que as cercam — as dos adultos e as das crianças — todas complexas e interligadas.

Para Corsaro (2009), a cultura de pares não é uma simples imitação. As crianças tomam posse das informações do mundo adulto para produzir suas culturas próprias e singulares. Ele define a cultura de pares como um conjunto estável de rotinas ou atividades, artefatos, valores e interesses que as crianças produzem e compartilham em suas interações. As rotinas culturais exercem um papel importante nesse processo. Elas propiciam a reprodução interpretativa ao fornecerem às crianças e aos demais agentes sociais segurança e compreensão de pertencerem a um grupo social. Isso possibilita "[...] um quadro no qual uma ampla variedade de conhecimentos socioculturais podem ser produzidos, exibidos e interpretados" (CORSINO, 2011, p. 32).

As mudanças sociais e culturais afetam diretamente a maneira como será vivenciada e definida a infância. A infância, concebida pela sociologia da infância como categoria estrutural, é uma construção social e parte da sociedade: ocupa o lugar de um grupo social permanente na estrutura social. Ela é vivenciada por crianças, de diferentes maneiras, por um período temporário, entretanto, ela não desaparece da sociedade. As crianças crescem, mas as infâncias continuam presentes na sociedade e em cada um.

Com base no exposto, podemos afirmar que a cultura infantil de pares e a reprodução interpretativa estão relacionadas, de maneira complexa, ao mundo adulto. Assim, ao observar as culturas de pares infantis no espaço escolar, é preciso perceber as inter-relações das culturas. Nessa perspectiva, fui a campo com a indagação: o que as crianças estariam produzindo em sua cultura de pares, a partir dos discursos religiosos dos adultos presentes na escola pública investigada e nas outras esferas em que circulam?

Parti de uma abordagem metodológica que não estabelece diferenças entre pesquisar adultos ou crianças (CARVALHO; NUNES, 2009). Tal como os adultos, as crianças respondem a entrevistas, permitem ou não que suas vidas sejam observadas. Entretanto, o adulto pesquisador não está isento da sua própria concepção de infância e da interferência da relação criança-adulto na relação pesquisado-pesquisador. O deslocamento do olhar adultocêntrico do pesquisador, na aproximação do mundo infantil, é complexo e constitui-se como mais um lugar de exercício exotópico a ser considerado na relação entre pesquisador-pesquisado. A pesquisa com crianças envolve considerar a capacidade infantil de agir e representar.

Na perspectiva bakhtiniana, é sempre de um lugar que o pesquisador posiciona-se e assina a sua autoria. Essa assinatura revela sua percepção da realidade na orquestração das vozes recolhidas, escolhidas no campo empírico e tornadas texto nas anotações de campo, por meio das transcrições, dos documentos e das análises e conclusões.

1.2 Percurso metodológico da pesquisa

O trabalho contou com uma revisão bibliográfica e com pesquisa de campo numa escola de educação infantil da rede pública municipal de Duque de Caxias, Rio de Janeiro. A escolha da escola, que fez parte do estudo exploratório da pesquisa *Infância, linguagem e escola: das políticas de livro e leitura ao letramento literário de crianças das escolas fluminenses*, desenvolvida no PPGE-UFRJ, deu-se em função de ter sido observada nela a presença de discursos religiosos. A pesquisa de campo contou com diferentes procedimentos metodológicos: i) observações participantes em uma turma de crianças de 5 e 6 anos de idade; ii) entrevistas semiestruturadas com a professora e estimuladora/auxiliar da turma observada e a diretora da escola; iii) conversas informais; iv) análise do projeto político-pedagógico; v) registros fotográficos dos espaços da escola; e vi) registros em áudio de situações de interação das quais participam tais crianças.

Cabe destacar que, nessa escola, não há aulas de Ensino Religioso, nem menção a essa questão no projeto político-pedagógico,[4] mesmo o seu oferecimento sendo previsto nos documentos oficiais do município.[5] No entanto,

---

[4] O projeto encontra-se em fase de construção. Muitas partes do documento ainda não foram escritas. Até o momento da pesquisa, não havia menção ao Ensino Religioso, nem a práticas religiosas, tal como celebração da Páscoa e outros. Por estar incompleto, e a pedido da direção, não será colocado em anexo.

[5] De acordo com o Plano Municipal de Educação (PME) e a Lei Orgânica do município, é prevista a oferta do Ensino Religioso facultativo em todas as escolas da rede municipal de Duque de Caxias. Consta, na Lei Orgânica do município de Duque de Caxias, n.º 0, de 5 de abril de 1990, no artigo n.º 92, inciso X, o Ensino Religioso como um dever do município para a garantia do direito à educação. No PME de 2010, há uma parte sobre Educação Religiosa; no entanto, até o presente momento, o plano não se encontra em vigor.

a escola é fortemente marcada por discursos religiosos que professam o cristianismo. São discursos que ora se apresentam em enunciados organizados para a transmissão de preceitos religiosos a adultos e crianças da instituição (conversas informais, rituais religiosos, orações, inscrições nos quadros), ora em exposição de símbolos religiosos em diferentes espaços da escola (bíblias, imagens de personagens evangélicos, versículos bíblicos escritos nas paredes).

A instituição que nos serviu de campo de pesquisa está localizada em frente a uma comunidade, às margens da Linha Vermelha, nas proximidades do centro de Duque de Caxias. Atende cerca de 130 crianças de 2 a 5 anos de idade, todas moradoras da comunidade e dos bairros vizinhos, organizadas em seis turmas, cada uma delas com cerca de 20 crianças. A escola conta com uma turma de crianças de 2 anos e outra de 3 anos de idade, ambas em horário integral; duas turmas de 5 anos, no turno da manhã, e outras duas de 4 anos, no turno da tarde. As turmas de 2 e 3 anos contam com uma professora e duas estimuladoras/auxiliares da turma, já as das crianças maiores têm apenas 1 professora e 1 estimuladora/auxiliar da turma.

Foram realizadas observações em uma turma de 25 crianças de 5 anos de idade, do turno da manhã. A escolha da turma ocorreu de forma aleatória. Ela teve a sua rotina acompanhada durante oito meses, de outubro de 2010 a agosto de 2011. A aproximação do campo foi gradual. Nos primeiros meses, foram realizadas visitas semanais até que essas se tornaram diárias. As observações focalizaram: i) conhecer os discursos religiosos que circulam na escola; ii) identificar os símbolos religiosos e seus usos; iii) conhecer e analisar as funções que esses discursos exercem nas interações entre adultos e crianças; iv) investigar os significados atribuídos aos discursos religiosos produzidos na escola.

De acordo com André (1995), a estratégia etnográfica requer que o pesquisador realize observação participante, entrevistas e análise de documentos. A observação participante exige que o pesquisador não apenas observe, mas também participe como membro do grupo. A aproximação mais efetiva permite que o pesquisador busque captar a compreensão dos sentidos e da organização social da situação estudada a partir da perspectiva dos de dentro, aprendendo a tornar-se um membro do grupo. As entrevistas têm a finalidade de aprofundar as questões e esclarecer os problemas observados. Os documentos ajudam "[...] a contextualizar os fenômenos, explicitar as vinculações mais profundas e completar as informações coletadas através de outras fontes" (ANDRÉ, 1995, p. 28).

Com o intuito de conhecer os discursos religiosos que circulavam no cotidiano de uma escola pública de educação infantil, foi realizada uma pesquisa de inspiração etnográfica. Nessa direção, buscou-se definir o conceito de discurso religioso, pois "[...] sem conceitos não sabemos o que olhar, o que procurar, ou como reconhecer o que estamos procurando quando encontramos" (BECKER, 2007, p. 146). Becker (2007) sugere, como uma das formas para desenvolver conceitos, o diálogo entre o referencial teórico e o campo. O primeiro passo aconteceu simultaneamente à inserção na escola estudada. Foi observado o dia a dia de duas turmas de crianças de 4 e 5 anos de idade no segundo semestre de 2010 durante o estudo exploratório da pesquisa *Infância, linguagem e escola: das políticas de livro e leitura ao letramento literário de crianças das escolas fluminenses*, desenvolvida no PPGE-UFRJ. Todas as observações foram registradas por meio de anotações em diário de campo e fotografias. As observações revelaram a presença de imagens, livros, dramatizações e falas religiosas na escola pública municipal estudada. Assim, o conceito de discurso religioso foi cunhado com base no referencial teórico da teoria da linguagem de Bakhtin e da Antropologia, por meio da teoria interpretativa de Geertz e dos dados empíricos.

De acordo com André (2007), para compreender o dinamismo da escola, é preciso estudá-la, pelo menos, em três dimensões: institucional ou organizacional, pedagógica e sociopolítica/cultural. Essas três dimensões não podem ser estudadas isoladamente, mas como "[...] uma unidade de múltiplas inter-relações, por meio das quais se busca compreender a dinâmica social expressa no cotidiano escolar" (p. 42). Na busca por tais relações, foram seguidos alguns passos que serão descritos a seguir.

O passo inicial envolveu a dimensão institucional, a configuração dos aspectos referentes ao contexto da prática escolar. Segundo André (2007), a organização do trabalho pedagógico é afetada por determinações sociais mais amplas, pelo contexto social em que a escola está inserida. O estudo exige um contato direto com os profissionais da direção da escola, técnicos administrativos e professores, por meio de entrevistas individuais ou coletivas ou conversas informais, um estudo das representações dos estudos dos atores escolares; o acompanhamento de reuniões e de atividades escolares; e a análise da documentação que afeta diretamente o funcionamento escolar. Dessa maneira, foram realizadas conversas informais com professores em geral, auxiliares e as secretárias da escola; entrevista e conversas informais com a diretora, a estimuladora e a professora da turma. Foram analisados o projeto pedagógico da escola, os panfletos e os convites religiosos e os documentos municipais relacionados à religião na escola pública. Além disso, foram acompanhadas duas reuniões com os responsáveis (uma com os pais das crianças da turma observada e outra com todos os pais da escola), um grupo de estudo de professores e estimuladoras e festividades escolares (Dia da Criança, encerramento de período, aniversários).

O passo seguinte consistiu em investigar a dimensão pedagógica. Retornei ao campo no primeiro semestre de 2011 com a finalidade de descrever, compreender e captar os sentidos dos discursos religiosos em circulação na esfera escolar como campo da pesquisa. Então, foi selecionada uma das turmas observadas durante o estudo exploratório para o acompanhamento sistemático. A seleção ocorreu em função de a professora responsável acompanhar a turma e ter clareza do conceito de laicidade; pela idade das crianças em 2011, entre 5 e 6 anos; e pelas possibilidades de a pesquisadora realizar a pesquisa. As observações abrangeram a rotina das crianças e dos profissionais da escola; o trabalho desenvolvido em sala; e as inter-relações com o ambiente em que se processa o ensino.

O próximo passo foi debruçar-me sobre a dimensão sociopolítica/cultural. André (2007) explicita essa dimensão como aquela que se refere ao contexto sociopolítico e cultural mais amplo e inclui uma reflexão sobre o momento histórico, sobre as forças políticas e sociais e sobre as concepções e os valores presentes na sociedade estudada. Para isso, foi observado, no cotidiano escolar, o entorno da escola, as famílias, as relações entre os membros da comunidade escolar — os diferentes discursos enunciados entre eles, seus destinatários e suas réplicas — e entre a instituição e a Secretaria Municipal de Educação. Tais observações foram realizadas paralelamente à dimensão anterior, já que uma não acontece isolada da outra.

A investigação das três dimensões da pesquisa etnográfica escolar contou com o registro em caderno de campo, gravações em áudio e fotografias.

Os materiais construídos no campo foram organizados em coleções. Tal critério tem fundamentação em Walter Benjamin, na sua concepção do conhecimento como coleção. Para Benjamin, descontextualizar o objeto permite que ele funcione como um texto. O pesquisador traz eventos do campo que possam dialogar com seu objetivo de estudo e os organiza em coleções/categorias. À medida que interage com cada evento, atribui a esse um dos seus possíveis sentidos. Conforme as similaridades (interações, falas, práticas dentro de uma mesma temática), os eventos são agrupados, formando coleções. Esse agrupamento favorece a possibilidade de compreensão dos processos e de identificação de significados. Os enunciados foram organizados em coleções e classificados de acordo com diferentes critérios com a *intenção de entender o contexto para compreender o texto* (CORSINO; NUNES; KRAMER, 2009).

Durante a organização do material empírico, coloquei-me no lugar de um colecionador. Foram reunidos e agrupados os discursos de maneira artesanal. As observações escritas e transcritas foram lidas e relidas inúmeras vezes. Esse trabalho produziu a identificação e a nomeação de categorias. Nas primeiras leituras dos registros de campo, emergiam categorias provisórias e foram retomadas as anotações do diário de campo a fim de encontrar elos, ouvir silêncios, pensar nos ditos e nos não ditos. Tais observações formavam grupos, e, pouco a pouco, as categorizações ficavam cada vez mais consistentes. Desse modo, era garantida a noção de todo, que assegura a unidade do contexto de enunciação e que organiza as observações realizadas em coleções a partir de algo comum. Assim como um colecionador procura juntar seus objetos de apreciação pelas similaridades, procurei reunir os achados da pesquisa em categorias marcadas, muitas vezes, por ambiguidades e por contradições, com a finalidade de compreender os eventos do campo.

CAPÍTULO 2

LEITURAS EM QUE CONFIO PARA TECER CRÔNICAS: BAKHTIN E O DISCURSO RELIGIOSO

> *Nunca fiz nada diferente de escrever, mas não tenho vocação, nem virtude de narrador, ignoro por completo as leis da composição dramática, e se embarquei nessa missão é porque confio na luz do que li pela vida afora. Dito às claras e às secas, sou da raça sem méritos nem brilho, que não teria nada a legar aos seus sobreviventes se não fossem os fatos que me proponho a narrar do jeito que conseguir.*
> (MÁRQUEZ, 2010)

Nessa epígrafe, o personagem de Gabriel Garcia Márquez refere-se ao seu ofício de cronista num jornal. No primeiro momento, diz que nunca fez nada diferente de escrever. A escolha pela escrita ocorreu em função da confiança em suas leituras, nos seus encontros com filósofos, romancistas, gramáticos que o faziam refletir sobre o mundo. A escrita das crônicas foi apoiada em leituras feitas *vida afora*. O personagem coloca-se como alguém sem méritos nem brilhos, que apenas compartilha fatos por ele vividos.

Aproximo-me do cronista para, assim como o personagem de Márquez, compartilhar, com os meus leitores, as experiências observadas, ao buscar trazer os discursos religiosos que circulam na escola investigada por meio do apoio em minhas leituras. A filosofia da linguagem de Mikhail Bakhtin sustenta minhas análises e embasa o conceito de discurso adotado neste trabalho, bem como a relação entre linguagem, sujeito e sociedade, o que será tratada a seguir.

2.1 Discurso: compondo o mosaico

Para Bakhtin (1995), a palavra é concebida como signo ideológico. Ele define "[...] signo como parte de uma dada realidade que reflete e refrata, numa certa medida, uma outra realidade" (p. 30). O signo pode ser materializado de diferentes maneiras, e a forma como o signo vai materializar-se está intimamente ligada ao contexto social em que ele é produzido. O signo emerge do processo de interação entre uma consciência e outra. Ambas as consciências estão repletas de signos e impregnadas de conteúdos ideológicos, que vão sendo formados dentro da estrutura social, ou seja, ele é produzido no processo de interação social: "[...] o signo não é apenas um reflexo da realidade, mas um fragmento material da realidade" (BAKHTIN, 1995, p. 33).

Segundo o autor, "[...] todo fenômeno que funciona como signo ideológico tem uma encarnação material, ele se torna concreto, objetivo" (BAKHTIN, 1995, p. 33). A realidade do signo pode ser caracterizada como totalmente objetiva, um signo como um fenômeno exterior de natureza viva e móvel. A sua significação é definida pelo grupo social em que é materializado, varia conforme a interação entre sujeitos em um determinado contexto. Podem ser atribuídos aos signos índices de valor distintos ou até mesmo contraditórios, além de registrar as menores variações existentes nas relações sociais. Para o autor, a palavra é um signo ideológico por excelência.

Em suma, o signo passa a existir a partir da materialização da comunicação social. Essa, por sua vez, é mais facilmente percebida na linguagem. É na comunicação verbal, uma das formas de comunicação social, que se elaboram diferentes enunciados: "[...] a verdadeira essência da linguagem é o evento social da interação verbal e ela se encontra caracterizada em um ou vários enunciados" (VOLOSHINOV, 1981, p. 2). O enunciado é a unidade de significação da linguagem. Ao longo de toda a obra de Bakhtin, destaca-se a palavra como uma das principais formas de enunciação. Logo, a palavra é "[...] considerada um fenômeno ideológico por excelência" (p. 36). A realidade dela é absorvida pela função de signo e comporta tudo o que esteja ligado à sua função e tenha sido gerado por ela: "[...] a palavra é o modo mais puro e sensível de relação social, sendo nela mais facilmente perceptíveis as ideologias presentes na comunicação semiótica" (p. 36).

É possível afirmar que a palavra "[...] é a arena social onde se confrontam os valores sociais contraditórios" (BAKHTIN, 1995, p. 14). As falas e os enunciados implicam disputas nas relações de dominação e de resistência. Os confrontos da/na língua refletem os conflitos de classe (e outros) no interior do seu sistema. Eles aparecem à medida que as diferenças de classe evidenciam-se em um mesmo sistema, que é atravessado por ideologias, reflexo das estruturas sociais. A palavra é entendida como signo ideológico no qual há constantes conflitos entre as diferentes ideologias.[6]

---

[6] A ideologia consiste nas formas de representação da realidade, que incluem determinadas maneiras particulares de encarar o mundo e a vida. Com base nessas maneiras de avaliar as coisas, os seres humanos criam escalas de valores: convencem-se do que devem esperar da vida e de como devem viver e de quais são os objetivos que devem perseguir com prioridade em suas respectivas existências (KONDER, 1981, p. 68).

É por meio dela que as ideologias são propagadas. À medida que faz parte de uma realidade e reflete e refrata outra, revela as transformações sociais de base espelhadas na ideologia. Na palavra, são expressas as relações e as lutas sociais, "[...] veiculando e sofrendo o efeito desta luta, servindo, ao mesmo tempo de instrumento e de material" (BAKHTIN, 1995, p. 17), ou seja, a palavra é plena de sentidos, significados e intencionalidades.

O domínio dos signos, também chamado de domínio ou esfera ideológica,[7] no qual circula a palavra na função de signo, abarca outros domínios menores, que apresentam diferenças entre si e orientação própria para a realidade que é refratada de maneira particular. Um domínio equivale a uma parte do mosaico que compõe a realidade, ou seja, cada um deles dispõe de uma função própria no conjunto da vida social.

A esfera ideológica reage às transformações na infraestrutura. Toda esfera ideológica apresenta-se como um conjunto único e indivisível, cujos elementos reagem às transformações da estrutura econômica da sociedade. Essas influenciam diretamente nas estruturas ideológicas, enquanto a infraestrutura vai tomar forma nas superestruturas, alterando reciprocamente as esferas. Trata-se de um processo dialético, o das relações entre os domínios da esfera ideológica.

Para Bakhtin, a palavra também é um signo neutro, pois comporta diferentes criações ideológicas. Cada sistema de signo é específico de algum campo particular da vida social, da criação ideológica. Logo,

> [...] cada esfera possui seu material ideológico e formula símbolos que lhes são próprios. Enquanto o signo é criado para uma dada função ideológica precisa, a palavra é neutra em relação a qualquer função ideológica específica" (BAKHTIN, 1995, p. 36-37).

Essa, quando é atribuída à palavra, varia de acordo com os diferentes contextos. A mesma palavra pode ser enunciada com significados distintos, conforme o contexto enunciativo e o domínio ideológico em que circula: moral, religioso, estético e científico.

---

[7] Segundo Grilo (2008), a noção de esfera da comunicação discursiva (ou criatividade ideológica, ou da comunicação social) é compreendida como um nível específico de coerções que, sem desconsiderar a influência da instância socioeconômica, constitui as produções ideológicas, segundo a lógica particular de cada esfera (p. 143). Em outras palavras, o domínio dos signos corresponde ao domínio ideológico, pois o signo é de natureza ideológica (BAKHTIN, 1995, p. 32), que também pode ser denominado esfera ideológica. Isso ocorre, pois, de acordo com o significado do dicionário Sérgio Ximenes, a palavra "esfera" significa meio social ou setor de atividade. Logo, noto que Bakhtin — em suas obras *Estética da criação verbal*; *Marxismo e filosofia da linguagem*; e *Estrutura do enunciado* — usa "[...] o termo esfera como sinônimo de domínio" (BAKHTIN, 1995, p. 33), sendo entendida como meio social onde circulam os signos, com características específicas.

Cada domínio comporta signos com uma função ideológica específica, palavras com um significado e sentido característicos. Os domínios ou as esferas são marcados por formas e por tipos de comunicação, que variam conforme o espaço-tempo vivenciado pelos sujeitos. Tais marcações influenciam na maneira como os fenômenos sígnicos (a imagem, o som, a palavra em especial) materializam-se. Durante o processo de materialização, os signos são atravessados não só pelas ideologias, mas também por entonações, valores, intencionalidades, significados. Todos esses atributos completam o signo e compõem o enunciado, elemento fundamental na formação dos discursos. A enunciação configura o discurso particular de cada esfera.

Essa relação entre discurso e enunciado é aprofundada por Bakhtin no texto "Estrutura do enunciado", no qual afirma que o discurso é um fenômeno bifacial que exige a presença de um locutor e de um ouvinte. Tal exigência é fundamental na conceituação do enunciado, que é sempre endereçado, o que se estende ao discurso que está intimamente ligado ao enunciado. Pode-se dizer que o discurso consiste numa cadeia de enunciados. É na comunicação verbal que os diferentes enunciados são elaborados e cada um deles se organiza conforme os interlocutores, as intenções enunciativas e a forma de comunicação social. A expressão é orientada em direção ao outro, mesmo ausente, o que envolve conhecer ou presumir quem é o outro e qual o contexto enunciativo em que o locutor e o ouvinte estão inseridos ou do qual fazem parte.

As condições reais da enunciação são determinantes. Delas fazem parte a situação e a orientação social do enunciado. Os enunciados são produzidos pela situação de enunciação. É nela que se "[...] efetiva a realização, na vida concreta, de uma determinada formação, de uma determinada variação da relação de comunicação social" (BAKHTIN, 1981, p. 2). Também supõe a presença de um ou de mais interlocutores que fazem parte da situação: o auditório social. Os enunciados variam de acordo com o destinatário e adéquam-se aos interlocutores. A orientação social diz respeito à dependência do enunciado em relação ao peso hierárquico e social do auditório. Todo ato enunciativo supõe uma orientação social que atua de maneira importante na sua organização. A orientação social reflete quem são os interlocutores presentes no auditório social.

A situação e o auditório moldam as enunciações. O processo de comunicação verbal é ininterrupto, pois não há a primeira nem a última palavra. Nesse fluxo linguístico incessante, a palavra é dirigida, ou seja, é enunciada para ser vinculada ao contexto. Portanto, além dos ditos, carrega os não ditos. A comunicação verbal vem acompanhada por atos sociais não verbais, dos quais ela muitas vezes é apenas o complemento. O gesto acompanha o discurso das mais diferentes maneiras. O gesto, a ação, o olhar são respostas dos sujeitos que fazem parte da situação. A expressão gestual é determinada pelo auditório social e por sua avaliação.

O enunciado é constituído pela expressão verbal e extraverbal. Ele comporta um sentido e um conteúdo. O conteúdo constitui-se fora da expressão verbal, já que começa a existir sob certa forma e passa para outra, isto é, o sujeito apreende, por exemplo, a palavra no seu contexto social, apropria-se dela e a expressa na situação que lhe é oportuna e, com isso, foi dado um novo sentido a ela. Dessa forma, é o sentido que dá a significação ao conteúdo. O sentido está relacionado ao conjunto de circunstâncias no qual o conteúdo do enunciado foi pronunciado. Ele é atribuído em sintonia com o contexto no qual o enunciado foi materializado, que pode ser dos mais variados. Uma única expressão verbal pode ter sentidos radicalmente diferentes. O sentido depende das circunstâncias imediatas que suscitam o enunciado e das causas sociais que o originam.

A expressão extraverbal trata-se dos subentendidos, dos não ditos, presentes na comunicação social. Ela toma forma na reação corporal, no gesto, no acento apreciativo. Os subentendidos possuem três aspectos indissolúveis: espaço e tempo, tema do enunciado e a posição dos interlocutores diante do fato, a avaliação. Bakhtin (1981) designa esse conjunto de elementos de "situação". Assim, "[...] a diferença das situações determina a diferença de sentidos de uma única e mesma expressão verbal" (p. 10). A enunciação não se limita a refletir a situação. A expressão verbal, ao mesmo tempo que a constitui, completa a avaliação e representa a condição necessária para seu desenvolvimento ideológico posterior. O enunciado torna-se compreensível na articulação entre conteúdo e situação, em especial, em função das pontes estabelecidas entre interlocutores, isto é, da interação entre eles e os subentendidos que os atravessam.

Outro elemento importante da enunciação é a entonação, pois ela é o tom que é dado pelo auditório social (em conjunto) com a situação social da qual a entonação faz parte. É a partir da entonação que se realiza a escolha e a ordenação das palavras, fazendo com que o enunciado ganhe um sentido próprio. A entonação delimita e é delimitada na medida em que constitui as relações sociais entre os interlocutores numa dada situação. Ela é tida como a expressão fônica da avaliação social. Uma única palavra, uma única expressão apresenta diferentes significações de acordo com a entonação que lhe é dada. O timbre expressivo da palavra comporta seu sentido geral, seu significado global. A situação, a entonação, a orientação social, a expressão verbal, entre outros elementos citados anteriormente, compõem "o todo enunciativo", que está intimamente relacionado ao discurso.

A configuração do todo enunciativo varia de acordo com a instância da atividade humana, esfera ou domínio ideológico — o religioso, o escolar, o artístico, entre outros — em que ele é materializado. Isso propicia que os enunciados de uma determinada esfera apresentem características específicas, no entanto, cada esfera discursiva é atravessada por outras. Os discursos próprios de cada esfera, com as características específicas daquela instância da atividade humana, circulam nela com os de outras. As esferas não são fechadas em si mesmas, mas atravessadas umas pela outras, sendo interligadas. Em cada esfera da atividade humana, circulam os discursos que lhe são próprios — que tendem a ser nela dominantes — e os de outras esferas, mas esses últimos, geralmente, aparecem de maneira menos intensa.

Os discursos são moldados pelas diferentes maneiras de enunciação. O todo enunciativo de cada discurso, em consonância com o auditório social, dá forma ao enunciado. A essa modelagem dada às enunciações em resposta a um outro, conforme as particularidades fortuitas e não reiteráveis da vida cotidiana, denomina-se gênero discursivo.[8] Conforme Goulart (2007, p. 95):

> Os gêneros, de variedade e riqueza infinitas, historicamente organizam os conhecimentos, estabilizando-se de determinadas maneiras. Estão relacionados às esferas sociais das atividades humanas, às intenções e aos propósitos dos locutores, constituindo-se como formas de ação social.

Explicita Bakhtin (1995):

> Só se pode falar de fórmulas específicas, de estereótipos no discurso da vida cotidiana quando existem formas na vida em comum relativamente regularizadas, reforçadas pelos usos e pelas circunstâncias. Assim, encontram-se tipos particulares de fórmulas estereotipadas servindo às necessidades da conversa [...] Toda situação inscrita duravelmente nos costumes possui um auditório organizado de uma certa maneira e consequentemente um certo repertório de pequenas fórmulas correntes. A fórmula estereotipada adapta-se, em qualquer lugar, ao canal de interação social que lhe é reservado,

---
[8] Esse conceito será mais bem explicitado mais à frente.

refletindo ideologicamente o tipo, a estrutura, os objetivos e a composição social do grupo (p. 126).

2.2 Gêneros discursivos, esferas de circulação, tema e significação

Assim, cada esfera discursiva, cada meio social ou setor da atividade humana produz seus gêneros discursivos.

> A cada época um grupo social tem seu repertório de formas de discurso na comunicação social. A cada grupo de formas pertencentes ao mesmo gênero, isto é, cada forma do discurso social corresponde a um grupo de temas. (BAKHTIN, 1995, p. 43).

Em outras palavras: cada esfera ideológica tem o seu discurso, que é repleto de gêneros discursivos, conforme pode ser visto no esquema a seguir.

Gráfico 1 – Esfera ideológica: esferas discursivas e os gêneros discursivos

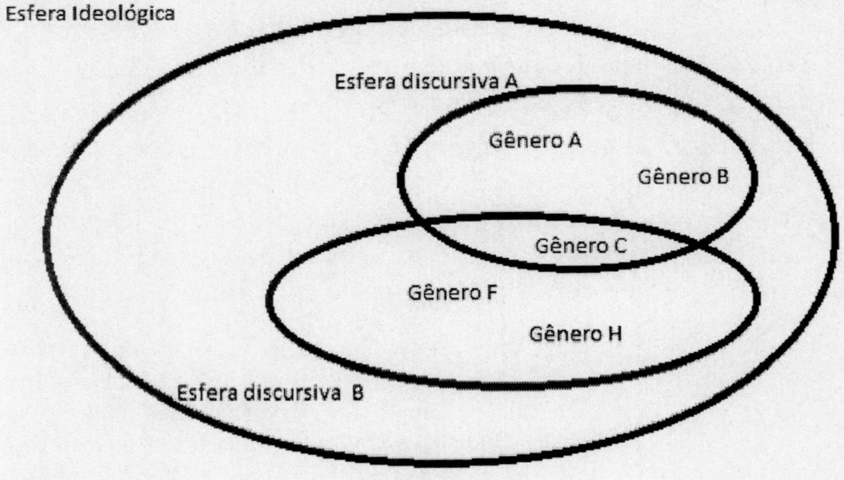

Fonte: elaboração do autor

Bakhtin (1995) afirma que "[...] entre as formas de comunicação, as formas de enunciação e o tema há uma unidade orgânica e indissociável. Assim, a classificação das formas de enunciação deve se apoiar sobre as formas da comunicação verbal" (p. 43). Entre elas, destacam-se aquelas relacionadas ao cotidiano. Nas interações sociais cotidianas que surgem as diferentes formas de comunicação social. A situação e a orientação social exercem poderosas influências no processo de interação verbal, nas formas de enunciação. Os discursos são inseridos no contexto não verbalizado da vida corrente e nele se ampliam pela ação, pelo gesto ou pela resposta dos interlocutores da situação social.

> Uma questão completa, a exclamação, a ordem, o pedido são enunciações completas típicas da vida cotidiana. Todas exigem um complemento extra verbal, assim como um início não verbal. Esses tipos de discursos menores da vida cotidiana são modelados pela fricção da palavra contra o meio extra verbal e contra a palavra do outro (BAKHTIN, 1995, p. 125).

Segundo o autor, toda palavra não é a primeira nem a última em uma enunciação, ela penetra na corrente verbal. As formas da enunciação são determinadas pelas situações da vida cotidiana. A modelagem dos enunciados ocorre na presença de formas relativamente estáveis da comunicação humana na vida cotidiana e é fixada pelos modos de vida e pelas circunstâncias. As situações da vida cotidiana possuem um auditório, que conta com uma organização precisa, dispõe de um repertório específico dos pequenos gêneros apropriados. As formas estereotipadas adaptam-se, em qualquer lugar, à interação social que lhe é reservada, refletindo a ideologia, o tipo, a estrutura, os objetivos e a composição social.

Esse amálgama cunha os gêneros discursivos, e seus elementos impactam a produção dos enunciados, concretos e únicos. Os enunciados, ao serem proferidos, refletem as condições específicas e as finalidades de uma dada esfera da atividade humana. Isso se dá por cada esfera possuir seu conteúdo temático (tema), estilo e construção composicional. Todos os três:

> [...] estão indissoluvelmente ligados ao todo do enunciado e são igualmente determinados pela especificidade de um determinado campo da comunicação. Cada enunciado particular é individual, mas cada campo de utilização da língua elabora seus tipos relativamente estáveis de enunciados os quais denominamos gêneros do discurso (BAKHTIN, 2006, p. 262).

De que maneira o tema, o estilo e a construção composicional estão ligados aos gêneros discursivos? Para Bakhtin (1995), o tema trata-se de "[...] um sentido definido e único, é uma propriedade que pertence a cada enunciação como um todo, o sentido da enunciação completa" (p. 128). Ele deve ser único e, assim como a enunciação, individual e não reiterável.

O tema não só se apresenta como a expressão de uma situação histórica concreta, dando origem à enunciação, como também depende dela. É determinado pelos elementos das formas verbais e das não verbais de uma situação e abrange o instante histórico em toda a sua amplitude. O tema "[...] é um sistema de signos dinâmicos e complexos que se adaptam a um determinado momento da evolução"[9] (p. 129), sendo um sentido completo que é atribuído em um determinado tempo e espaço.

Não há tema sem significação. Toda enunciação, no interior do tema, é dotada de significação, de um conjunto de significações ligadas aos elementos linguísticos que a compõem. A palavra e a imagem, por si sós, não têm significados, elas são um tema puro. A significação a elas atribuída é inseparável da situação concreta em que são realizadas e muda de acordo com a situação: "[...] as significações são estabilizadas segundo as linhas básicas e mais frequentes na vida da comunidade para a utilização temática dessa ou daquela imagem ou palavra" (BAKHTIN, 1995, p. 130).

O autor esclarece que, apesar de o tema e da significação estarem inter-relacionados, eles se distinguem. Ambos têm, como ponto comum, o ato de significar, sendo que a significação está ligada à investigação dicionarizada; e o tema, à interpretação do enunciado em sintonia com o contexto e com as condições concretas em que é proferido. Tal afirmação fica mais clara ao abordar o problema da compreensão. Essa pode ocorrer de duas maneiras: passiva e ativa. A primeira delas exclui, *a priori*, qualquer possibilidade de resposta, já a segunda implica o germe de resposta, o que permite apreender o tema.

> Compreender significa orientar-se em relação à enunciação do outro, encontrar o lugar adequado no contexto correspondente. Cada palavra da enunciação que compreendermos nos faz corresponder a uma série de enunciados nossos, formando uma réplica (BAKHTIN, 1995, p. 132).

Tal réplica é a "contrapalavra". A compreensão forma um diálogo entre as palavras do falante e as relações estabelecidas pelo ouvinte no processo de busca por um lugar adequado para o que foi ouvido. A significação da palavra só é possível na interação entre os interlocutores, ouvinte e falante,

---

[9] Bakhtin entende que a evolução se dá no âmbito da semântica e do horizonte apreciativo. Ambos estão interligados pela apreciação social. "*A evolução semântica na língua é sempre ligada à evolução do horizonte apreciativo de um dado grupo social e à evolução do horizonte apreciativo — no sentido da totalidade de tudo que tem sentido e importância aos olhos de um determinado grupo — é inteiramente determinada pela expansão da infraestrutura econômica. Essa relação efetua-se de maneira dialética, uma evolução dialética reflete-se na evolução semântica*" (BAKHTIN, 1995, p. 136). Com isso, fica clara a contradição do processo de evolução, além das constantes disputas no interior das esferas discursivas. Esse assunto será tratado mais à frente.

que acontece dentro de uma situação que tem, como pano de fundo, um tema, um complexo conjunto de fatores. A enunciação está imersa na corrente da comunicação verbal.

O tema pode ser expresso, também, pela entonação. As palavras não abrangem somente o tema e a significação, já que elas são dotadas de valor apreciativo, que é dado pela entonação expressiva. Como já foi mencionado anteriormente, a entonação é determinada pela situação imediata, não estando relacionada ao conteúdo do discurso nem ao conteúdo intelectual. "O tema é próprio de cada enunciação, realiza-se através da entonação expressiva" (BAKHTIN, 1995, p. 134). O conteúdo verbal nem sempre corresponde ao da entonação. Nesse caso, prevalece o tema expresso pela entonação estabelecida pela situação social da vida cotidiana, a orientação dada pelo valor apreciativo. O tema é dado pela entonação quando expresso pela fala viva.

Não podemos deixar de mencionar os dois outros componentes dos gêneros discursivos: estilo e construção composicional. O primeiro deles é marcado pela individualidade. O estilo é indissociável do enunciado, que é individual e reflete a individualidade de quem o proferiu. Os sujeitos, ao proferirem os enunciados, estão imersos em uma determinada situação e auditório social. A linguagem precisa ter funcionalidade na comunicação com seus interlocutores numa dada esfera da atividade humana em que é materializada, pois cada esfera tem suas condições específicas com gêneros próprios, os quais correspondem a determinados estilos.

Outro ponto importante é que os contextos enunciativos não estão descolados das questões históricas. As mudanças ocorridas no cenário histórico:

> [...] dão o tom da linguagem usada nos processos enunciativos da vida social, moldam e elaboram gêneros discursivos. Nessa perspectiva, os enunciados e seus tipos, gêneros discursivos, são correias de transmissão entre a história da sociedade e a história da linguagem (BAKHTIN, 2006, p. 268).

Os estilos dos gêneros discursivos são gerados em contextos enunciativos específicos, de acordo com o momento histórico, político e social, refletindo a individualidade de uma dada esfera discursiva, *num determinado espaço e tempo*.

Nas palavras de Covre, Nagai e Miotello (2009):

> [...] o estilo é a maneira do acabamento — essencialmente interlocutivo e dialógico — que nos dá o estilo de um texto e é a maneira singular com que um autor faz uso dessas categorias, as quais, para Bakhtin, nunca estão divorciadas de definições ideológicas, que possibilita um estilo ao autor. Dessa forma, o estilo traz consigo a avaliação do autor e uma possibilidade de comunhão avaliativa com o interlocutor. Isso significa que o estilo está relacionado a um querer dizer do locutor, que ganha forma, que define seus limites sob condições de interlocução. Trata-se de um acabamento que é estético e provisório, sempre aberto a novos sentidos por estar submetido a condições sócio-históricas de possibilidade (p. 40).

Os estilos são concretizados por meio da construção composicional. Ela consiste na maneira como o enunciado é organizado, isto é, a escolha das palavras, da disposição dada a elas e da construção global do enunciado. Os critérios usados para a organização do enunciado dizem respeito ao estilo e à individualidade do sujeito em uma determinada esfera discursiva na qual ele interage. As construções composicionais dos enunciados são particulares e fortuitas e não reiteráveis na vida corrente, pois as suas construções específicas são realizadas num dado uso e numa certa circunstância. Contudo, os tipos particulares de construções composicionais só existem se houver formas cotidianas comuns e regularizadas, sempre usadas em determinadas circunstâncias. Cada esfera discursiva possui formas organizacionais típicas, estilizadas pela disposição particular e pelo encadeamento regular e ritmado. A escolha de uma construção composicional pelo falante é um ato estilístico.

O tema, o estilo e a construção composicional caracterizam o enunciado e definem os gêneros discursivos. A maneira como cada um dos tipos da comunicação social organiza-se, constrói-se e completa-se — de modo específico, a forma gramatical e estilística do enunciado, assim como a estrutura em que ela se destaca — ocorre no cotidiano e pressupõe, para ser realizada, o meio extraverbal e o discurso do outro. Os gêneros surgem diante de formas relativamente estáveis da comunicação humana na vida cotidiana e são fixados pelos modos de vida e pelas circunstâncias. Logo, "[...] toda situação da vida cotidiana possui um auditório, cuja organização é bem precisa, e dispõe de um repertório específico de pequenos gêneros apropriados" (VOLOSHINOV, 1981, p. 3-4).

Para Bakhtin (2006), as diferentes situações cotidianas da atividade humana abrem um infinito leque de possibilidades de gêneros do discurso.

"Cada esfera da atividade humana tem o seu repertório de gêneros, que cresce e se diferencia à medida que se desenvolve e se complexifica uma determinada esfera" (p. 262). Dentro de cada esfera, os gêneros da vida corrente aparecem nos momentos de enunciação e de compreensão, que implicam germes de respostas, podendo ser considerados réplicas de um diálogo. Essas não só são de natureza verbal, mas também extraverbal. Por isso, os gêneros do discurso são heterogêneos, tanto na sua materialidade, verbal e extraverbal, quanto na sua forma.

O autor, para minimizar a heterogeneidade dos gêneros, diferencia-os em primários e secundários. Os gêneros secundários surgem nas condições de um convívio cultural complexo e, relativamente, desenvolvido e organizado, predominantemente escrito. Eles incorporam e reelaboram, em seu processo de formação, os gêneros primários, que se formam nas condições da comunicação discursiva imediata, intimamente relacionada à oralidade. A diferenciação entre os gêneros é essencial para a análise do processo de formação dos enunciados, em especial da relação entre linguagem e ideologia.

Para Bakhtin (2006), todo enunciado, oral ou escrito, secundário ou primário, pode refletir a individualidade do falante e carrega seu ponto de vista ideológico. Entretanto, nem todos os gêneros são propícios ao estilo individual, como é o caso dos gêneros padronizados, por exemplo, da esfera escolar ou religiosa. Os estilos enunciativos existentes e empregados correspondem às condições específicas de uma determinada esfera e vão depender da função do enunciado requisitada pelo auditório e pela orientação social. Assim, uma determinada função de comunicação discursiva gera determinados gêneros,[10] enunciados com estilo, tema e construção composicional específicos.

Bakhtin (2006), diante de tal consideração e compreensão, leva em conta a multiplicidade de falantes presentes no discurso. O ouvinte, diante da compreensão do significado dos enunciados que compõem os diferentes discursos, exerce uma posição ativa e responsiva. Desse modo, toda a compreensão da fala viva e do enunciado vivo é de natureza responsiva, e a resposta pode ser implícita ou explícita. A resposta implícita ocorre pela compreensão passiva, pois se trata de um momento abstrato da compreensão ativa, real e plena — "[...] que se atualiza subsequente em voz alta" (p. 271) —, uma resposta dada pela ação, uma compreensão responsiva silenciosa,

---

[10] É importante mencionar que os gêneros discursivos, primários e secundários, refletem — de modo imediato, preciso e flexível — as mudanças da vida social.

que responde por meio de discursos subsequentes ou pelo comportamento. Qualquer que seja a maneira de compreensão, há uma resposta, implícita ou explícita, do ouvinte que se torna locutor. Daí o discurso ser repleto de vozes, seja pela palavra, seja pela contra-palavra.

Para Bakhtin, a compreensão plena real espera sempre por uma resposta ativa e explícita. O falante espera uma resposta ativamente responsiva, uma concordância, uma participação, uma objeção. Ele deseja que a contrapalavra seja materializada por enunciados concretos, como a fala. A concordância ou a objeção, entre outras maneiras de resposta ativa, são, por si só, respostas que rompem o silêncio e pressupõem que todo falante, em maior ou menor grau, apropria-se dos enunciados antecedentes, próprios ou de outros, para compor seus enunciados, pois "[...] cada enunciado é elo na corrente complexamente organizada de outros enunciados" (BAKHTIN, 2006, p. 272).

O enunciado é a unidade da comunicação discursiva. Os discursos só podem existir na forma de enunciados concretos e determinados pelos falantes, ou melhor, os discursos estão fundidos em forma de enunciados pertencentes a um determinado sujeito. As enunciações têm, em comum, os limites, que são dados pela alternância nos sujeitos no discurso. Como já foi dito, todo enunciado implica uma réplica, contendo em si mesmo o gene de resposta a outros enunciados a ele inter-relacionados. Cria-se uma dimensão dialógica, uma alternância de enunciados, em que cada um deles, no todo enunciativo, corresponde a uma palavra e a uma contrapalavra.

A possibilidade de resposta é assegurada por três elementos intimamente ligados ao todo do enunciado: exauribilidade do objeto e do sentido; projeto de discurso ou vontade de discurso do falante; e formas típicas composicionais e de gênero do acabamento. O primeiro elemento diz respeito às esferas discursivas em que os gêneros do discurso são de natureza sumariamente padronizada e o elemento criativo está ausente quase por completo. O segundo está relacionado à intenção discursiva do falante, que determina o todo do enunciado, o seu volume e as suas fronteiras. A verbalização dessa vontade é usada para medir a conclusibilidade do enunciado. Ela determina a forma como ele será construído, o gênero usado. O terceiro elemento trata das formas estáveis do gênero dos enunciados; e a vontade discursiva do falante realiza-se na escolha de certo gênero do discurso, a qual é determinada pela especificidade de um dado campo, pela situação concreta, pela composição dos participantes. "A intenção discursiva do falante, com toda a sua individualidade e subjetividade, é em seguida aplicada e adaptada ao gênero do discurso escolhido, constitui e desenvolve uma determinada forma de gênero" (BAKHTIN, 2006, p. 282).

No cotidiano, os sujeitos costumam comunicar-se apenas por meio de determinados gêneros, enunciados que possuem formas relativamente estáveis e típicas de construção do todo. Cada esfera enunciativa possui gêneros definidos, e seus interlocutores moldam os seus discursos a eles. Com base nisso, a individualidade dos sujeitos é manifesta na escolha de qual dos gêneros que circulam naquela esfera será utilizado e a entonação expressiva, que também caracteriza uma determinada esfera. A escolha dos gêneros cotidianos de cada esfera varia em função da situação, da posição social e das relações pessoais de reciprocidade entre os participantes da comunicação. Todos esses elementos reunidos dão forma aos gêneros discursivos que circulam em determinada esfera. Os enunciados típicos usados pelo sujeito organizam e determinam o discurso, sendo que as acentuações expressivas permitem que os gêneros de diferentes esferas misturem-se.

Essa permissão revela a relação do enunciado com o enunciador e com os demais interlocutores da comunicação discursiva. Ao considerar que "todo enunciado é um elo da comunicação discursiva" (BAKHTIN, 2006, p. 289), entende-se que o falante, ao exercer sua posição ativa, dentro de uma esfera, procura optar por gêneros conforme suas ideias, centrado no objeto e no sentido. Tal foco não está livre das relações emocionais, mas são essas que dão o tom expressivo, atribuem significados variados e intensidades de força no social. A oração, a palavra tem o seu sentido e significado direcionados pela expressividade. É no momento da materialização dos enunciados que são atribuídos a eles tons apreciativos que marcam a intencionalidade e direcionam o sentido. A entonação expressiva é constitutiva do enunciado. Na comunicação discursiva, há tipos padronizados e difundidos de entonações expressivas, isto é, gêneros que se caracterizam não pela palavra ou pelo conteúdo, mas pela expressividade. Assim, se os gêneros correspondem à forma típica do enunciado e se os enunciados têm como elemento constitutivo entonações expressivas que lhes atribuem significados, as formas de expressividade típicas de um enunciado podem ser consideradas gêneros de entonação que constituem também os gêneros discursivos.

As relações do enunciado com os gêneros discursivos são costuradas pela sua principal característica, o endereçamento. A entonação e os demais elementos constitutivos do enunciado são determinados pela esfera da atividade humana e da vida social em que ele é materializado e pelos sujeitos que fazem parte dele. A maneira como o destinatário do enunciado é percebido e representado pelo enunciador toma vida na estruturação composicional, no estilo e no tema, do modo como será atribuído o sentido completo do enunciado. Essa afirmativa pode ser transposta para os enunciados típicos de cada esfera ou domínio, os gêneros discursivos, "[...] então cada gênero do discurso em cada campo da comunicação discursiva tem a sua concepção típica de destinatário que o determina como gênero" (BAKHTIN, 2006, p. 301). Isso não significa que uma esfera corresponda a um único tipo de discurso com gêneros de uma única temática, mas sim a vários discursos e a uma variedade de gêneros que correspondem à visão que os enunciadores têm de seus destinatários.

Pode-se dizer que a complexidade das questões relacionadas aos gêneros discursivos, ao se organizarem os discursos, está no fato de o "[...] enunciado concreto ser um elo da comunicação discursiva de uma determinada esfera" (BAKHTIN, 2006, p. 296). Lembro que um dos limites do enunciado é a alternância dos sujeitos no discurso. Os enunciados não são soltos no tempo e no espaço, não se bastam em si mesmos, mas seguem o fluxo enunciativo e refletem uns aos outros.

> Cada enunciado é pleno de ecos e ressonâncias de outros enunciados com os quais está ligado pela identidade da esfera da comunicação discursiva. Os limites dos enunciados refletem o processo discursivo, em que cada enunciado deve ser visto como resposta a enunciados precedentes da cadeia verbal de um determinado domínio (BAKHTIN, 2006, p. 297).

Desse modo, os enunciados não podem ser separados de seus elos precedentes — que o determinam tanto de fora quanto de dentro — e que geram atitudes responsivas diretas e ressonâncias dialógicas, que serão os enunciados subsequentes, os quais serão os futuros elos da cadeia comunicativa.

Sobral (2008), ao distinguir texto de discurso, à luz do pensamento bakhtiniano, considera texto, em qualquer que seja sua materialidade — som, imagem, sinais etc. —, como unidade linguístico-composicional e discurso como processo de mobilização de textos para a realização de projetos enunciativos. Nessa perspectiva

> [...] o texto traz potenciais de sentidos, realizados apenas na produção do discurso. O discurso vem de alguém e dirige-se a alguém (ou seja, é "endereçado"), o que modula sua arquitetônica, e traz em si um tom avaliativo, ao mesmo tempo em

que remete a uma compreensão responsiva ativa da parte do seu interlocutor típico (SOBRAL, 2008, p. 2).

Esse último organiza-se em enunciados que, como Bakhtin (1995) afirma, incluem os ditos e os não ditos, os presumidos, os gestos e os acentos apreciativos, além de serem situados em um determinado contexto social e carregados de um conteúdo e/ou um sentido ideológico ou vivencial.

Com base no que foi exposto, pergunto quais seriam os gêneros discursivos próprios à esfera da educação infantil, uma esfera escolar com suas singularidades. Na tentativa de responder a essa questão, teço, a seguir, algumas considerações sobre as esferas.

De acordo com Fourquin (1993), a escola tem a função de transmissão cultural, no que se refere ao patrimônio de conhecimentos e competências, valores, símbolos constituídos, ao longo de gerações, por uma dada comunidade. Para executar tal função, a esfera escolar tem seus discursos organizados em gêneros em torno da temática do ensino e aprendizagem, como anotação de aula, aula, esquema, resumo, palestra, livro-texto, livro didático, enunciados de exercícios, ordens para execução de tarefas, entre outros. Também, estão ligados a essa esfera os gêneros pessoais e interpessoais que fazem a ponte relacional entre os membros da comunidade escolar (professores e os demais funcionários da escola, crianças, pais, moradores da localidade etc.), constituindo conversas, recados, bilhetes, convites, anotações, diário. Os gêneros supramencionados em torno da temática de ensino e aprendizagem estão presentes na esfera escolar em várias etapas da educação básica e são mais comuns a partir do ensino fundamental. Quando se trata da educação infantil, nota-se que ela se difere quanto aos gêneros que nela circulam em relação às demais etapas educacionais. Estão presentes, na esfera da educação infantil, além de alguns dos gêneros da esfera escolar — os pessoais e interpessoais citados, entre outros —, desenhos, músicas e canções, parlendas, conversas informais, histórias, entre outros. A presença desses gêneros ocorre em função das especificidades da educação infantil em relação aos objetivos dessa etapa educacional, dos interlocutores, da forma como se dão as transposições didáticas dos conteúdos, da sua função social etc.

A esfera escolar, assim como as demais, é interpenetrada por outras esferas. Anteriormente, foi mencionado que as esferas têm seus discursos organizados por gêneros, enunciados típicos. Os gêneros são produzidos em sintonia com a situação e a orientação social, não sendo os primeiros nem os últimos numa dada esfera, mas sim o elo da corrente verbal que a atravessa. De acordo com Fourquin (1993), na escola, além da cultura escolar transmitida, há a cultura, que consiste em características próprias da escola, seus ritmos e seus ritos, sua linguagem, seu imaginário, seus modos de regulação e transgressão, seu regime de produção e de gestão de símbolos — um mundo social próprio. Sintonizando os pensamentos de Bakhtin e Fourquin, pode-se dizer que escola é uma esfera com características sociais que é transpassada por uma variedade de discursos. No entanto, no seu fluxo verbal de comunicação, alguns deles se destacam, tornam-se característicos dessa esfera. Nas esferas, as relações entre os diferentes discursos quase nunca são simétricas e harmoniosas, já que tende a haver, em seu interior, uma tensão, que tem como pano de fundo os interesses sociais existentes, uma disputa pelo discurso hegemônico.

Na educação infantil, essas disputas são tensas na medida em que se busca uma identidade que vai sendo construída em função da visão que se tem das crianças, de suas infâncias e da escola a elas destinada. Segundo Oliveira (2011), em consequência das pesquisas realizadas sobre a criança na atualidade, aparece uma nova identidade da criança e consequentemente das práticas voltadas para o seu atendimento. A criança passa a ser vista como sujeito portador de necessidades e de direitos próprios e que precisa de espaço diferenciado, tanto no ambiente familiar quanto no ambiente escolar tradicional, frequentemente orientado para a padronização de condutas e de ritmos para avaliações segundo padrões externos à criança. Dessa forma, propõe-se que as instituições voltadas para o atendimento de crianças pequenas busquem a apropriação de conhecimentos a partir da vivência cotidiana com parceiros e situações significativas:

> [...] que visem incentivar diferentes modos de expressar sentimentos em situações particulares, recordar, interpretar uma história, compreender um fenômeno da natureza, enfim transmitir à criança diferentes formas de ler o mundo e a si mesma (OLIVEIRA, 2011, p. 45).

As ações da esfera da educação infantil passam a considerar as especificidades afetivas, emocionais, sociais e cognitivas das crianças de 0 a 5 anos de idade. Entre elas, destacam-se os seguintes pontos na educação da infância: o direito das crianças a brincar, como forma particular de expressão, pensamento, interação e comunicação social; o acesso das crianças aos bens socioculturais disponíveis, ampliando o desenvolvimento das capacidades relativas à expressão, à comunicação, à interação social, ao pensamento, à ética e à estética; o atendimento aos cuidados associados à sobrevivência e ao desenvolvimento de sua identidade; a socialização das crianças por meio de sua participação e inserção nas mais diversificadas atividades sociais, sem discriminação de espécie alguma; e o respeito à dignidade e aos direitos da criança, consideradas nas suas diferenças individuais, sociais, religiosas etc.[11]

No entanto, observações de práticas da esfera da educação infantil revelam uma oscilação das identidades por ela assumida: funções de guarda, preparatória, compensatória, moralizante. Essa não definição ou oscilação favorece a tensão no interior da esfera pela disputa de interesses sociais. Nessa disputa, estão presentes o higienismo, o assistencialismo e a escolarização, muitas vezes de forma imbricada.

Segundo Oliveira (2011), o discurso higienista visava regular os atos da vida, especialmente das classes populares, e dava ênfase ao cuidar, à higiene e à moralidade. O discurso assistencialista era entendido como o cuidar das crianças desprovidas de cuidados domésticos e o criar hábitos de civilidade (NUNES, 2011), entendendo-se a infância como uma questão da ordem privada. Já o da escolarização tem como foco a preparação para o ensino fundamental. A oscilação da identidade das práticas e propostas para as crianças pequenas — entre higienismo, assistencialismo e escolarização — revela tanto proximidade da esfera doméstica — que se dá por meio da informalidade do discurso, do ensino de hábitos, moralização e até mesmo de ensinamentos religiosos — quanto proximidade com a formalidade escolar.

Essa não identidade ou identidade oscilante estaria abrindo espaço para a circulação de discursos religiosos na escola de educação infantil investigada?

No que diz respeito ao discurso da esfera religiosa, busco subsídios no antropólogo Clifford Geertz (2008) para definir religião e entender os discursos que circulam nesta esfera, considerando, ainda, que cada religião tem seus gêneros discursivos próprios.

Para o autor, a religião consiste em:

> [...] um sistema de símbolos que atua para estabelecer poderosas, penetrantes e duradouras disposições e motivações nos homens através da formulação de conceitos de uma ordem de existência geral e vestindo suas concepções com tal aura que as disposições e motivações parecem singularmente realistas (GEERTZ, 2008, p. 67).

---

[11] As especificidades mencionadas da educação infantil têm como base os Referenciais Curriculares Nacionais para a educação infantil.

O autor define símbolo como todo ato, acontecimento, objeto, qualidade ou relação que serve como vínculo a uma concepção. O símbolo tem como elemento central as formulações tangíveis de noções e de abstrações da experiência fixadas, em formas perceptíveis, em incorporações concretas das ideias e das atitudes. As diferentes formas simbólicas concretizam-se em acontecimentos sociais, padrões culturais, que são fontes externas de informações, e em comportamentos externos, que moldam o comportamento público à medida que modelam a eles mesmos.

Para o antropólogo, o símbolo está estreitamente relacionado às motivações e às disposições, as quais se referem às ações religiosas. As disposições são as tendências e as capacidades que variam em intensidade sob certas circunstâncias. Elas são significativas nas condições em que surgem. Já as motivações têm uma direção, gravitam em torno de certas consumações, geralmente, de maneira temporária. Têm significado no propósito em que são concebidas e conduzidas. O homem religioso é motivado pela sua religião. "São os sistemas simbólicos que induzem as disposições como religiosas" (GEERTZ, 2008, p. 72). É por meio dos símbolos que as verdades transcendentais da religião são estabelecidas, pois são eles que induzem as disposições e formulam as ideias gerais de ordem. Toda e qualquer religião precisa afirmar algo, além de consistir em uma coletânea de práticas estabelecidas e de sentimentos convencionais de cunho moralista. Ela busca explicar a compreensão do sentido da vida e de tudo aquilo que parece ser misterioso, estranho, ou que parece ser impossível de ser explicado pelo conhecimento racional, passando a ser entendido pelo desconhecido.

A essência da ação religiosa constitui uma autoridade persuasiva. Isso acontece ao se imbuir de certo complexo específico de símbolos da metafísica que formula o sentido da vida e recomenda uma maneira de vivê-la. A religião, pouco a pouco, modela a ordem social. No entanto, as disposições e a motivação, que dão vida a ela, variam de acordo com as crenças e as culturas em que está inserida.

O discurso religioso, trata-se daquele que tem o tema ou o conteúdo relacionado à ideia de transcendentalidade, à remissão no mundo metafísico ou sobrenatural. Tem como uma das suas intenções modelar e estabelecer padrões morais, éticos e estéticos de comportamento público. Além disso, busca explicações e sentidos para o que é considerado inexplicável ou misterioso.

O discurso religioso é costurado não só pela compreensão da vida e de uma maneira para orientar-se dentro dela como também pela ideia de um ser superior, que é a aceitação prévia de uma autoridade que transforma a vida cotidiana e a consideração da importância de crer-se nessa autoridade. Tal conteúdo materializa-se e organiza-se a partir do estilo de cada gênero em um determinado contexto enunciativo. Para atingir os interlocutores, apresenta-se em uma determinada forma (estrutura composicional e estilo), inter-relacionando-se e entrelaçando-se a essa. O discurso religioso possui formas típicas, como versículos, ladainhas, orações, provérbios, pregação, sermão, parábola, mantra, mito, entre outros. Os gêneros organizadores do discurso religioso possuem, como principal característica, as entonações em tons apreciativos que intentam adesão, persuasão, obediência, convencimento, ordem, ameaça, entre outros.

A presença do discurso religioso, na escola investigada, revela a interpenetração da esfera religiosa na da educação infantil. Tal revelação não é algo novo, pois pode ser vista ao longo da história da escola e da educação infantil no Brasil. Entretanto, a circulação do discurso religioso, na escola pública, evidencia tensões e disputas que serão abordadas no próximo capítulo.

CAPÍTULO 3

O CRONISTA E A REALIDADE: RELIGIÃO, INFÂNCIA E ESCOLA PÚBLICA

O dia de "engolir a cápsula"
O dia de engolir a cápsula é uma coisa muito séria.
A mais séria possível.
A menina, a menina, que tem apenas 7 anos — oh! Prodígio dessa precocidade — já está aprendendo catecismo. Que bom!
As visitas ficam informadas. A menina tem de aparecer para mostrar os dons de sua inteligência.
Quanta coisa já sabe aquela menina de 7 anos!
Padre nosso que estás no céu, santificado seja o vosso nome... Creio em Deus Padre Poderoso etc.
(Cecília Meireles, 2001)

A cápsula continha um medicamento eficaz. O seu interior era preenchido pelos ensinamentos da fé católica, dogmas comumente ensinados nas aulas de catequese. Engolir a cápsula era essencial para a saúde das crianças, ou melhor, para torná-las mais passivas, disciplinadas e livres das mazelas causadas pela indisciplina. Outro importante benefício era a salvação da alma. Essa só poderia ser alcançada mediante o catecismo.

Ingerir a cápsula era coisa séria, muito séria. A criança que não tomasse a cápsula poderia sofrer penalidades, entre elas, a de arder no fogo do inferno. Isso era tomado como grande problema para boa parte das famílias brasileiras, que faziam parte de uma sociedade religiosa (RANQUETAT, 2000; CUNHA, 1995). Mas onde conseguir a cápsula? Cecília Meireles, em suas crônicas no jornal *Diário de Notícias*, nos anos de 1930, trazia reflexões a respeito de um espaço onde a cápsula, eficaz e recomendada, era distribuída: a escola. As instituições públicas de ensino ofereciam aulas de religião. O local de distribuição da cápsula era considerado por muitos como propício, afinal a escola deveria transmitir valores morais.

As crianças engoliam a cápsula. Boa parte delas, em especial as pequenas, colocavam os ensinamentos da fé católica goela abaixo, mesmo que fossem incompreendidos ou sem sentido. A cápsula tinha que ser engolida, nem que fosse diluída no horário escolar por meio de livros, rezas, reprimendas de inspiração divina, entre outras ações nessa direção. Os conhecimentos dos dogmas eram considerados de suma importância, mais até do que os conteúdos escolares, tanto que a menina da crônica citada foi considerada um prodígio por conhecer a oração do Pai-Nosso. O importante era conhecer a oração, não falar corretamente ou recitar respeitando os pontos e vírgulas. Afinal, o ensino da religião tratava-se de um importante remédio para prevenir a desordem social e ainda alcançar os céus.

Passados oitenta anos da publicação da crônica *O dia de "engolir a cápsula"*, de Cecília Meireles, o sentido que ela apresenta continua, de certa forma, atual. A religião permanece presente em algumas escolas públicas, com rituais e procedimentos religiosos considerados por muitos como parte das práticas pedagógicas escolares, em especial para as crianças pequenas. O Ensino Religioso, ao longo dos séculos, tem sido concebido como a solução ou remédio para os inúmeros problemas sociais que rondam e assolam as escolas públicas brasileiras. A cápsula, em muitas instituições públicas, não se apresenta como problema, mesmo diante do processo de avanço e retrocesso de secularização[12] do Estado. Assim, a religião, historicamente, esteve presente na vida da sociedade brasileira, principalmente na escola. Nesse sentido, compreender os processos históricos poderá auxiliar a compreensão do porquê da naturalização da presença de discursos religiosos na esfera escolar e, em particular, na escola pública investigada.

3.1 O Ensino Religioso na escola pública

A Igreja Católica implantou as primeiras propostas educacionais no Brasil. Os portugueses, ao desembarcarem em terras brasileiras, contaram com o apoio da Igreja Católica para a conquista do território e de sua gente. A Igreja desempenhava um importante papel: o da conquista ideológica. A colaboração entre a coroa e Igreja durou até o século XVIII.

Entre as missões eclesiásticas, estava a conversão dos povos recém-descobertos. Segundo Cunha (2012), nos meados do século XVI, a Igreja

---

[12] Secularização é a expressão que designa o processo de mudança pelo qual a sociedade deixa de ter instituições legitimadas pelo sagrado, baseadas no ritualismo e na tradição, tornando-se cada vez mais profanas (ou seculares). O processo de secularização leva à compreensão do mundo e da humanidade a partir de critérios imanentes, isto é, internos a eles próprios, sem o recurso ao sobrenatural. A secularização implica a perda da força da religião para regular a vida social, mas não implica, necessariamente, o fim da religião, que pode se manter e até mesmo aumentar sua força na dimensão íntima da vida dos indivíduos. Num sentido mais geral, a secularização remete à cultura que se torna mais baseada em critérios racionais ou utilitários do que em valores e práticas tradicionais.
Fonte: http://www.nepp-dh.ufrj.br/ole/conceituacao1.html#s.

Católica reagia à Reforma Protestante com a promoção do Concílio de Trento (1545-1563), que objetivava promover a reconquista da influência perdida na Europa para o protestantismo e alcançar os povos das terras recém-descobertas (Américas, África e Ásia). O evento resultou no *Index Lobrorum Proibitorium*, no qual havia medidas listadas de ação ideológica para a catequese dada às crianças em cada paróquia. Para o cumprimento do documento tridentino, o papado reativou as ordens religiosas existentes e fundou novas. Entre as novas ordens, estava a Companhia de Jesus, criada pelo militar espanhol Inácio de Loyola, em 1540. A companhia tinha como um dos seus objetivos, em sua atuação político-religiosa, a conversão dos povos pagãos e, em especial, os tupiniquins da antiga Terra de Santa Cruz.[13]

As primeiras instituições de ensino brasileiras foram fundadas pelas diversas ordens religiosas católicas, destacando-se a jesuíta, e tinham inicialmente a finalidade de catequizar os índios. De acordo com Del Priore (2000), ensinavam, com base no catolicismo, a ler, a escrever, a cantar e a contar e, também, o catecismo. Os catequistas acreditavam na docilização dos indígenas para a condição servil e dos colonos para a de escravos. Os negros eram tidos por ambos como escravos e encarados pelos religiosos como seres sem alma.

Durante o período colonial, pouco a pouco, as instituições de ensino foram substituindo a catequese dos indígenas pela formação dos filhos dos colonos. O objetivo fora alterado com as estratégias de ensino. As disciplinas voltaram-se para a preparação da elite colonial para cursar o ensino superior em Portugal. Mesmo assim, quase todas as disciplinas continuavam a ser de inspiração religiosa — tais como retórica, grego, entre outras —, dava-se continuidade à fé como elemento orientador.

De acordo com Saviani (2007), ainda no período colonial, foram realizadas reformas, no sistema educacional, pelo Marquês de Pombal, tanto em Portugal quanto em suas colônias. Entre elas, destacava-se a Reforma Pombalina. Um dos principais pontos da reforma foi a estatização e a secularização da educação. No Brasil, as instituições de ensino tinham como foco a formação voltada para a manutenção da máquina estatal. Com isso, o currículo deixava de ser orientado pela religião, mas contava ainda com aulas de catecismo e filosofia racional e moral. Além das instituições formais de ensino, em função do sistema educacional deficitário, naquele período, entendiam-se como escolas as aulas lecionadas pelos professores em suas casas ou nas das crianças e os seminários e colégios das ordens religiosas.

---

[13] Um dos nomes dados ao território brasileiro pelos portugueses nos primeiros anos do século XVI.

Em 1822, apesar de a independência já ter ocorrido, o Império Brasileiro manteve o padroado. O catolicismo continuava como religião oficial do Estado. Em razão disso, "nas escolas públicas de todo país, a doutrina católica era ensinada a todas as crianças; e os professores, obrigados a prestar juramento à fé católica" (CUNHA; CAVALIERE, 2007, p. 111). A primeira Constituição do país, outorgada pelo imperador D. Pedro I, em 1824, mantinha o catolicismo como religião oficial e permitia que as demais se manifestassem em culto doméstico ou particular em residências, sem qualquer forma exterior de templo. O código penal proibia o ateísmo e a não crença na imortalidade da alma. Ambos os casos eram considerados crimes, e a punição para isso era de um ano de prisão mais multa pecuniária, de acordo com Cunha (2011). A pequena população evangélica era impedida de atuar no magistério público. Os cultos das religiões africanas eram considerados contrários à fé, à moral e aos bons costumes, sendo reprimidos. Na tentativa de sobrevivência e resistência de seus cultos, os negros faziam o sincretismo de figuras do catolicismo com as das religiões africanas.

Estudos de Cunha revelaram que a religião fazia parte do currículo das escolas públicas. A lei de 13 de outubro de 1827, que determinava a criação de escolas de primeiras letras nos centros urbanos, listava como uma das disciplinas os princípios da moral cristã e da doutrina da religião Católica Apostólica Romana. Os professores de todos os níveis de ensino eram obrigados a prestar juramento de fidelidade ao catolicismo, podendo ser punidos, caso o quebrassem. Até 1875, as escolas públicas deveriam ensinar a todos os alunos os princípios e as doutrinas da fé Católica Apostólica Romana, de maneira que, a partir daquele ano, os não católicos puderam solicitar dispensa da aula de religião.

No final do século XIX, as relações entre a Igreja e o Estado começaram a dar sinais de desgaste. O Vaticano reivindicava maior controle sobre a Igreja brasileira, de modo a desenvolver sua atividade religiosa sem nenhum tipo de limitação estatal. Por outro lado, tomavam impulso as forças políticas orientadas pelas ideologias positivista, maçônica e liberal, que pretendiam a modernização do Estado brasileiro, tendo como exemplo a França, e buscando a neutralidade em matéria de crença religiosa. As disputas entre as novas orientações e as velhas práticas culminaram no fim da monarquia, conforme sinalizam Cunha e Cavaliere (2007).

Com a Proclamação da República, em 1889, o processo de secularização do Estado brasileiro era iniciado e colou-se um fim ao padroado.

Após a proclamação do novo regime, foi promulgado o decreto n.º 119-A, de 7 de janeiro de 1890, que declarava a plena e total liberdade de culto, suprimia as restrições vigentes aos não católicos e proibia o poder público de estabelecer relação com a Igreja, privilegiar alguma religião e criar diferenças entre os habitantes por questões relacionadas à crença ou a opiniões filosóficas ou religiosas. Também era suprimido o Ensino Religioso nas escolas públicas. Os professores deixavam de jurar fidelidade ao catolicismo "[...] e as escolas primárias e secundárias poderiam oferecer o Ensino Religioso de sua preferência ou nenhum" (CUNHA, 2011, p. 7). Assim, com a promulgação da Constituição de 1891, a Igreja Católica foi declarada separada do Estado Brasileiro. Desse modo, a religião passava da esfera pública para a privada. O Estado era proibido de financiar qualquer tipo de atividade religiosa, cultos ou igrejas, inclusive o Ensino Religioso de qualquer tipo, impedindo o estabelecimento de qualquer espécie de dependência entre a Igreja e o Estado. Essa separação tornava o Brasil um país laico nos âmbitos político e jurídico. A Carta Constitucional de 1891 trouxe outra inovação: seria leigo o ensino ministrado nos estabelecimentos públicos. Segundo estudiosos como Cunha (2011, 2007, 1995), Fishmann (2008) e Cury (2004), o termo leigo[14] estaria sendo usado no sentido de laico. Dessa forma, estabelecia-se, portanto, o ensino laico nas escolas públicas brasileiras. Essa foi a única vez que uma Constituição brasileira determinou que a atividade estatal fosse laica.

Por outro lado, no mesmo período, era introduzida, nas escolas públicas, no lugar do Ensino Religioso, a disciplina moral, "[...] a qual os positivistas gostariam que se chamasse a religião da humanidade, conforme proposto por Augusto Comte" (CUNHA, 1995). Os currículos escolares do sistema público procuravam dar maior valor às ciências, coroando-as na hierarquia curricular, conforme prescreviam as ideias positivistas.

No final do século XIX e início do XX, a sociedade brasileira, ainda que diante de intensas mudanças no cenário político, continuava religiosa, principalmente católica, praticando diferentes graus de sincretismos, em especial, nas classes médias e nas populares.

> A presença da laicidade na sociedade era muito fraca, pois a sua presença fora trazida para as políticas de Estado como ideologia por uma elite intelectual de orientação europeia, liberal-maçônica ou positivista (CUNHA; CAVALIERE, 2007).

---

[14] O termo ainda provoca polêmicas com relação à laicidade do ensino público.

Cunha e Cavaliere afirmam que, na segunda década do século XX, com a crise de hegemonia, era posto fim ao laicismo[15] republicano e, com isso, foi reinstalada a colaboração recíproca entre a Igreja e o Estado, ideia inspirada no modelo fascista. Diante das greves operárias, inéditas no país, e os levantes militares contra as oligarquias agrárias, o Ensino Religioso voltava às escolas públicas, como solução para a desordem política e social. A inclusão dos conteúdos religiosos pelas vias federais não foi bem-sucedida. No entanto, a religião retornava ao ensino público por via de legislações estaduais, com força, em seis estados, como aconteceu em Minas Gerais, conforme Cunha (1995). Desse modo, era dada continuidade à preferência das classes dirigentes pelo recurso da religião e da Igreja como conteúdo e meio satisfatório e eficaz para a aceitação dos trabalhadores de sua situação social.

A ditadura instalada após a Revolução de 1930 realizou várias reformas educacionais, entre elas, houve a reintrodução do Ensino Religioso nas escolas públicas. Em 1931, era instituído, pelo governo ditatorial de Getúlio Vargas, o decreto n.º 19.941/1931, a partir do qual o Ensino Religioso voltava a fazer parte do currículo das escolas mantidas por recursos públicos em todo o país. A escolha do credo a ser lecionado considerava que cada turma deveria conter vinte ou mais alunos que o professassem. Ficariam dispensados de assistir às aulas os alunos cujos pais ou responsáveis assim o requeressem.

O decreto varguista não agradou a todos, e, em especial, desagradou aos educadores progressistas. No *Manifesto dos Pioneiros da Educação Nova*, em 1932, uma das dimensões abordadas pelos progressistas foi a defesa da laicidade no ensino público:

> A laicidade, que coloca o ambiente escolar acima das crenças e disputas religiosas, alheio a todo o dogmatismo sectário, subtrai o educando, respeitando-lhe a integridade da personalidade em formação, à pressão perturbadora da escola quando utilizada como instrumento de propaganda de seitas e doutrinas (Manifesto dos Pioneiros da Educação Nova, 1932, p. 45).

O documento pareceu não ter nenhum impacto. A mobilização da Igreja Católica pró-Ensino Religioso mostrou mais força, e a Constituição de 1934 incorporou os termos do decreto n.º 19.941/1931 e introduziu a oferta obrigatória do Ensino Religioso. A disciplina religiosa passou a ser

---

[15] Esse termo é geralmente empregado como sinônimo de laicidade. No entanto, ele tem um significado restritivo para o clero católico, que designa de laicista a posição que ele considera contra seus próprios interesses materiais ou simbólicos. Assim, a posição oficial da Igreja Católica (incluindo a de alguns documentos pontifícios recentes) é pelo reconhecimento do Estado laico, mas não do "Estado laicista". Fonte: http://www.nepp-dh.ufrj.br/ole/conceituacao1.html#l.

incluída no horário normal de aulas nas escolas públicas primárias, secundárias, profissionais e normais. A presença dos alunos era facultativa, e os responsáveis podiam manifestar sua preferência religiosa, apesar de, na prática, existir somente a oferta do catolicismo. Desde então, a obrigatoriedade do Ensino Religioso nas escolas públicas passou a marcar presença nos textos constitucionais.

Mesmo com o fim da ditadura varguista e com o enfraquecimento da relação Estado-Igreja, a Constituição de 1946 manteve o Ensino Religioso. Deposto Vargas, em 1945, era introduzido no país o regime liberal e buscava-se suprimir da legislação educacional as heranças do regime ditatorial, entre elas, o Ensino Religioso. Em seguida, houve disputas em torno da definição do ensino público como confessional ou laico. No jogo de forças políticas, a Igreja Católica saía novamente vencedora, e o documento constitucional contemplou o Ensino Religioso no artigo n.º 168. Esse determinava a obrigatoriedade da oferta do Ensino Religioso pelas escolas públicas, com *matrícula facultativa e ministrado de acordo com a confissão religiosa do aluno, manifestada por ele, se for capaz, ou pelo representante legal ou responsável*. Era mantido parcialmente o texto da Constituição de 1934, mas com a novidade do oferecimento da disciplina pelo poder público *sem especificar o nível e a modalidade educacional* (CUNHA, 2007).

O ensino da religião não passou despercebido na primeira Lei de Diretrizes e Bases da Educação (Lei n.º 4.024/1961). Ela abordou o Ensino Religioso no seu artigo n.º 97, que incorporava o artigo n.º 168 da Constituição de 1946 à sua redação e que determinava a formação de turmas independentemente do número de alunos e o registro dos professores pela entidade religiosa da qual faziam parte. Além disso, determinava que fosse ministrada a disciplina sem ônus aos cofres públicos. De acordo com Cunha (2007), isso implicaria a não remuneração dos professores de Ensino Religioso pelo poder público, além do não deslocamento de professores do quadro efetivo do magistério para lecionar a disciplina, em uma interpretação mais estrita da lei.

Para Cunha e Cavaliere (2007), durante a ditadura militar (1964-1985), o Ensino Religioso recebeu um reforço especial em sua missão: a disciplina Educação Moral e Cívica. Na LDB n.º 5.692, promulgada em 11 de agosto de 1971, o Ensino Religioso compartilhava do mesmo parágrafo que determinava a obrigatoriedade da Educação Moral e Cívica[16] e era

---

[16] Com a promulgação da Lei n.º 8.663, de 14 de junho de 1993, a disciplina Educação Moral e Cívica deixou de ser lecionada nas escolas públicas.

omisso em relação ao financiamento da disciplina religiosa. Cunha (2011) revela que a inserção da Educação Moral e Cívica no currículo das escolas públicas teria por finalidade "[...] a defesa do princípio democrático, através da preservação do espírito religioso, da dignidade da pessoa humana e o amor à liberdade sob a inspiração de Deus" (p. 13). No mesmo ano da promulgação da LDB/71, a nova disciplina foi normatizada pelo Parecer n.º 94/71, escrito pelo Conselheiro Federal de Educação, Luciano Cabral Duarte, arcebispo de Aracaju. O parecer proclamava a religião como base da moral a ser ensinada, alicerçado no princípio da religião natural, ou melhor, aquela que leva ao conhecimento de Deus pela luz da razão. No entanto, a Educação Moral e Cívica teve inspiração na corrente de pensamento formada na Escola Superior de Guerra, que defendia a inclusão de valores morais e espirituais entre os objetivos nacionais permanentes. Dessa forma, a referida disciplina representou a fusão do pensamento reacionário do catolicismo conservador com a doutrina da segurança nacional.

No processo de transição para a democracia, houve a união das forças democráticas e progressistas. Era formada uma ampla frente composta por diferentes orientações e programas partidários, que iam dos liberais aos comunistas, possibilitada pelo esgotamento do regime autoritário. Cunha (2011, 1995, 2006) afirma que, vista do campo educacional, a transição foi iniciada pela ocupação das prefeituras de cidades do interior pelas forças de oposição nas eleições de 1977 e culminou com a eleição de um presidente civil, em 1985, e a convocação da Constituinte de 1988, em 1987.

Com o fim da ditadura, na Assembleia Constituinte, houve uma reconfiguração de forças nas disputas em torno do Ensino Religioso. Até o início do processo de promulgação da Constituição, tudo indicava a união entre liberais, socialistas, evangélicos e educadores progressistas pela defesa da laicidade. A Igreja Católica e os grupos ligados a ela argumentavam a favor do Ensino Religioso obrigatório confessional nas escolas públicas. Entretanto, os evangélicos passaram a apoiar a oferta obrigatória do Ensino Religioso confessional, mas de matrícula facultativa, em troca do apoio católico na legalização do controle dos meios de comunicação de massa pelas Igrejas, segundo Cunha (1995).

Os educadores progressistas mantiveram a sua posição. Nos primeiros anos da década de 1980, que antecederam a Constituinte, foram realizados fóruns, conferências, encontros, entre outros eventos, pelos educadores progressistas em torno da defesa da escola pública, como a V Conferência Brasileira de Educação e a 9ª Reunião da Associação Nacional de Pesquisadores em Educação (Anped). Os dois eventos resultaram em importantes documentos, a Carta de Goiânia foi um deles, que reiteravam a posição dos educadores em defesa da laicidade da escola pública.

Havia uma grande disparidade de forças entre defensores da escola laica e do Ensino Religioso. Foram enviadas duas emendas populares[17] ao Congresso, uma em apoio da manutenção do Ensino Religioso e outra em apoio à escola laica. A primeira delas recebeu 800 mil assinaturas; enquanto a segunda, apenas 280 mil, conforme Cunha (2006). A pressão dos religiosos pela manutenção do Ensino Religioso surtira efeito. Em 1988, foi promulgada a Constituição e, em seu texto, constava o artigo n.º 210, que determinava o Ensino Religioso de matrícula facultativa, no horário normal de aula das escolas públicas de ensino fundamental.

Promulgada a Constituição de 1988, cada unidade da Federação promovia a elaboração de sua própria Constituição, todas aprovadas no ano seguinte. A maioria das constituições estaduais determinava o Ensino Religioso nas escolas públicas estaduais, nos mais diversos moldes.

Anos mais tarde, as disputas entre defensores da escola laica e militantes religiosos foram retomadas no processo de elaboração da nova LDB (Lei n.º 9.394/1996), quando se tentou limitar o Ensino Religioso nas escolas públicas, enfatizando a sua restrição ao ensino fundamental e o não financiamento da disciplina pelos cofres públicos, conforme o artigo n.º 33 da LDB:

> O Ensino Religioso, de matrícula facultativa, constituirá disciplina dos horários normais das escolas públicas de ensino fundamental, sendo oferecida sem ônus para os cofres públicos, de acordo com as preferências manifestadas pelos alunos ou seus responsáveis em caráter:
> I - confessional, de acordo com a opção religiosa do aluno ou do seu responsável, ministrada por professores ou orientadores religiosos preparados e credenciados pelas respectivas igrejas ou entidades religiosas, ou
> II - interconfessional, resultante de acordo entre as diversas entidades religiosas, que se responsabilizarão pela elaboração do respectivo programa.

Segundo Ranquetat (2007), a LBD/1996 desagradou a Igreja Católica. O motivo foi o oferecimento do Ensino Religioso nas escolas públicas sem financiamento do Estado. A Igreja Católica pressionou o governo federal a alterar a redação da LDB/1996. Em 22 de julho de 1997, o artigo anterior ganhou nova redação pela Lei n.º 9.475:

---

[17] As emendas populares foram iniciativas de entidades da Sociedade Civil para encaminhar demandas sociais aos constituintes, no biênio 1987/88 (CUNHA, 2006, p. 4).

> O Ensino Religioso, de matrícula facultativa, é parte integrante da formação básica do cidadão e constitui disciplina dos horários normais das escolas públicas de ensino fundamental, assegurando o respeito à diversidade cultural religiosa do Brasil, vedadas de qualquer forma de proselitismo.
> Parágrafo 1º - Os sistemas de ensino regulamentarão os procedimentos para a definição dos conteúdos do Ensino Religioso e estabelecerão as normas para a habilitação e admissão dos professores.
> Parágrafo 2º - Os sistemas de ensino ouvirão entidade civil, constituída pelas diferentes denominações religiosas para a definição dos conteúdos do Ensino Religioso.

Cunha (2006) aponta que mais importante do que as expressões inclusas nos textos foram as suprimidas, como a do não financiamento do Ensino Religioso pelo poder público e a da definição do caráter interconfessional da disciplina. A primeira possibilitou que, em cada unidade da federação, houvesse negociação entre os governos estaduais e municipais e as entidades religiosas para o financiamento dos professores de Ensino Religioso. Já a segunda favoreceu a pretensão de alguns grupos de manter a confessionalidade do Ensino Religioso em detrimento dos que buscavam substituí-lo por um denominador comum a todas as religiões. Isso sem falar que as determinações da LDB/1997 deram aos sistemas estaduais a atribuição explícita de definir conteúdos e estabelecer a habilitação e as normas de admissão dos professores de Ensino Religioso com o auxílio de entidades religiosas. As supressões e as expressões incluídas deslocaram a discussão da existência ou inexistência do Ensino Religioso para a da sua definição como confessional ou interconfessional. Também absorvia-se o Ensino Religioso como parte integrante da formação do cidadão, o que, para Cury (2004), trata-se de uma incoerência quanto a um assunto que toca diretamente o direito à diferença e à liberdade. Diante da legislação vigente, em cada sistema educacional, a disciplina religiosa vem sendo regulada de uma maneira diferente e tem apresentado as suas próprias propostas. Entre elas, destaco a do município de Duque de Caxias, campo do presente estudo, e o estado no qual ele está inserido, Rio de Janeiro.

O município de Duque de Caxias inseriu, em seu sistema educacional, o Ensino Religioso nas escolas logo após a promulgação da Constituição. A Lei Orgânica, Lei n.º 0, de 5 de abril de 1990, que organizou o sistema educacional do município, no seu artigo 92, determinou o Ensino Religioso como um dos deveres do município para a efetivação da garantia à educação. O Ensino Religioso de matrícula facultativa passava a ser oferecido no horário normal de aulas das escolas municipais de Duque de Caxias, sem especificar a etapa de ensino, porém com a ressalva de que deveria ser respeitada a opção religiosa dos alunos ou de seus responsáveis.

De acordo com informações de servidores da Secretaria Municipal de Educação (SME) de Duque de Caxias, em 2012, em um universo de 173 escolas públicas municipais de educação infantil e ensino fundamental existentes no município, 35 ofertavam a disciplina Ensino Religioso. A rede contava com 45 professores da referida disciplina, atuando no primeiro e no segundo segmento do ensino fundamental (FERNANDES, 2014). Observa-se, assim, que a oferta do Ensino Religioso foi legalmente instituída na rede há mais de 30 anos.

Uma década depois de inserido o Ensino Religioso no município de Duque de Caxias, era a vez do estado do Rio de Janeiro. Em 14 de setembro de 2000, era aprovada, na Assembleia Legislativa do Estado do Rio de Janeiro, a Lei Estadual n.º 3.459, que estabeleceu o Ensino Religioso, de caráter confessional e facultativo, mas obrigatório no horário normal de aulas, nas escolas da rede estadual do Rio de Janeiro, para todo o ensino básico. Para Cunha e Cavaliere (2007), era ampliada a oferta da nova disciplina curricular para o ensino médio, o ensino fundamental e a educação infantil, o que reforçou o poder das instituições religiosas na formação e na definição dos conteúdos curriculares a serem trabalhados na escola. A mesma lei autorizou a abertura do concurso para professores da nova disciplina, realizado em janeiro de 2004. O concurso exigia dos candidatos graduação com Licenciatura Plena e o credenciamento nos órgãos de registro das autoridades religiosas competentes. Foram oferecidas 500 vagas, divididas em: 342 para católicos, 132 para evangélicos e 26 para outros credos.

Cavaliere (2006) pôde notar que houve diversas dificuldades na implantação do Ensino Religioso confessional nas escolas públicas do Rio de Janeiro. A falta generalizada de informação sobre a nova disciplina, a inconstância na realização de encontros pedagógicos para os professores de Ensino Religioso, as dificuldades estruturais para se efetivar o caráter plural e o caráter facultativo da disciplina, os preconceitos em relação às religiões afro-brasileiras, esses são alguns entre os elementos identificados (CAVALIERE, 2006, p. 2). Também foram enfrentados problemas quanto à sua aceitação pelos alunos e professores de outras disciplinas, apesar de a maioria deles se colocar favorável. Na verdade, essa foi uma aceitação tensa.

O município de Duque de Caxias não possui lei específica para a disciplina de Ensino Religioso. Desse modo, baseia-se diretamente na legislação federal, mas não na lei estadual 3.459/2000. De acordo com o manual da Coordenação do Ensino Religioso do departamento ligado à Secretaria Municipal da Educação (SME), esse ensino fundamenta-se legalmente no artigo n.º 210, parágrafo 1º, da Constituição federal de 1988 e na Lei n.º 9.475/1997, que deu nova redação ao artigo n.º 33 da Lei de Diretrizes e Bases da Educação Nacional (LDB) n.º 9.394/1996. Além da legislação citada, há ainda dois instrumentos legais, que não constam no manual apresentado e não determinam as ações relativas ao Ensino Religioso implantado pela Coordenação dessa disciplina. Um deles é o decreto n.º 4.238/2003, da Prefeitura Municipal de Duque de Caxias, que instituiu o Sistema Municipal de Ensino do Município de Duque de Caxias, determinando, no seu artigo n.º 25, que o Ensino Religioso, de matrícula facultativa, constitui disciplina dos horários normais das escolas públicas de ensino fundamental, sendo oferecido, sem ônus para os cofres públicos, de acordo com as preferências manifestadas pelos alunos ou por seus responsáveis, em caráter: (i) confessional, de acordo com a opção religiosa do aluno ou de seu responsável, e ministrada por professoras ou orientadores religiosos preparados e credenciados pelas respectivas igrejas ou entidades religiosas; (ii) interconfessional, resultante de acordo entre as diversas entidades religiosas, que se responsabilizarão pela elaboração do respectivo programa.

Fernandes (2014), ao analisar a disciplina Ensino Religioso no município de Duque de Caxias, constata que há uma tensa relação entre católicos e evangélicos no que diz respeito à presença da disciplina nas escolas e a sua normatização. De um lado, católicos, representados pela diocese do município e seus fiéis, buscavam a implementação do Ensino Religioso confessional com a intenção de difundir o catolicismo. Durante as décadas de 1980 e 1990 pressionaram pela implementação de aulas de Ensino Religioso nas escolas públicas municipais e estaduais, da oferta de treinamento pela SME para os professores que lecionavam a disciplina e das articulações políticas na câmara dos vereadores, o que culminou com a inserção da disciplina Ensino Religioso na Lei Orgânica, Lei n.º 0, de 5 de abril de 1990, que organizava o sistema educacional do município. Do outro lado, evangélicos consideravam que o Ensino Religioso confessional e voltado para um único credo era problemático. Defendiam que a disciplina fosse baseada na transmissão de valores, não favorecendo nenhum credo religioso. No início dos anos 2000 a SME, em meio a mudanças políticas, rompe com a Igreja Católica e passa a ter como foco os valores humanos e o respeito às diferenças "Voltando-se para a prática da solidariedade e do diálogo em consonância com os princípios democráticos", definiu o coordenador de Ensino Religioso (2001-2013), evangélico" (FERNANDES, 2014, p. 99)

Esse percurso histórico evidencia que a laicidade da escola pública é ainda uma questão republicana que não foi resolvida. É possível ter Ensino Religioso nas escolas públicas, sob algumas condições, que nem sempre são reguladas. A educação infantil, como primeira etapa da educação básica, não está livre da possibilidade de ter aula de Ensino Religioso, mesmo tendo um currículo não organizado em disciplinas. Entretanto, observa-se que as concepções de infância, quando somadas à história da educação infantil, são fortemente marcadas pela relação com a filantropia, por via da caridade cristã, e abriram espaço para a presença de símbolos e práticas religiosas, como será abordado a seguir.

3.2 História e política da educação infantil no Brasil: a religião em questão

O atendimento às crianças pequenas em nosso país é atravessado pelas condições de vida das mulheres, pelas políticas educacionais e pela concepção de infância — compreendida como uma construção social, que varia, portanto, de acordo com o contexto histórico-cultural. As primeiras instituições destinadas às crianças pequenas no Brasil datam do período da colonização. No início do século XVI, foi criada a Casa do Muchachos pelos jesuítas, com o objetivo de catequizar os curumins e os órfãos da terra (como eram chamadas as crianças oriundas de ligações entre brancos ou negros e mulheres índias). Era ensinado às crianças ler, escrever, cantar e contar, tendo como diretriz os preceitos religiosos. As crianças não eram diferenciadas dos adultos. De acordo com Del Priori (2000), os jesuítas viam as crianças como seres divinos que conquistavam a todos à sua volta com doçura e inocência, canal perfeito para que as almas dos da terra fossem alcançadas. Além disso, eram tidas como tábulas rasas nas quais tudo se poderia imprimir.

Ainda no período Colonial, foram criadas as Santas Casas da Misericórdia, que visavam, inicialmente, guardar a vida das pessoas necessitadas e, depois, passaram a acolher também as crianças abandonadas, os "expostos", normalmente frutos de ligações clandestinas de mulheres brancas da elite ou de crianças pobres, mestiças, negras e índias. O Recolhimento dos

Meninos Órfãos da Santa Casa da Misericórdia pela roda[18] era realizado ocultando-se a identidade de quem depositava a criança.

No início da República, as iniciativas deslocaram-se da ideia de recolhimento das crianças abandonadas para as ações médico-higienistas e jurídicas. A infância passou a ser enxergada como uma etapa importante do desenvolvimento humano. Com isso, as crianças passaram a ser entendidas como o futuro da nação. Foram organizadas associações e instituições destinadas ao atendimento das crianças por juristas, políticos, industriais, educadores, médicos, religiosos. Segundo Kuhlmann Jr (2000), de um lado, surgiam instituições privadas que preconizavam o atendimento em Jardins de Infância às crianças das classes favorecidas; de outro, o atendimento às crianças pobres em instituições filantrópicas, como o Instituto de Proteção e Assistência à Infância do Rio de Janeiro (Ipai-RJ). As instituições filantrópicas e/ou religiosas entendiam o atendimento como um mérito para as mães trabalhadoras com bom comportamento. Procuravam atrair colaboradores das classes abastadas, não só para o financiamento da instituição, como também para o trabalho voluntário e com objetivos político-religiosos. Cabe a ressalva de que as creches e os asilos mantidos por religiosos recebiam generosas quantias doadas pelos militantes leigos católicos em nome da caridade.

Por outro lado, foram criadas as primeiras instituições públicas destinadas às crianças. Como foi visto, nos anos que precederam a República, tomavam força a ideologia liberal e a positivista, que tinham como um dos seus ideários o projeto social de construção de uma sociedade moderna e procuravam inspirar-se na Europa e Estados Unidos. Na época, despontava o movimento escolanovista, que tinha, em sua pauta, os jardins de infância, conforme afirma Oliveira (2011), e era absorvido em especial pelos liberais. Em 1896, foi criado o Jardim de Infância Caetano Campos,[19] em São Paulo, pelo Partido Republicano Paulista, fundamentado na ideologia positivista. Tal pensamento ideológico tinha, como uma de suas bandeiras, a separação entre o Estado e a Igreja Católica. No entanto, as intenções positivistas eram de que, em algum momento, houvesse o advento do Estado Positivo. Com isso, a educação teria como seus fundamentos a ordem, a moral e o

---

[18] "A Roda era um dispositivo giratório de madeira, em forma de cilindro, que possuía uma abertura, inserido em uma parede, de forma que, como uma janela, desse acesso à parte interna da instituição ao ser acionado. A criança era depositada no compartimento, e o depositante rodava o cilindro para que a abertura se voltasse para dentro, preservando a identidade do depositante. A Roda funcionou no Rio de Janeiro até 1938" (COUTO; MELO, 1998, p. 22).

[19] De acordo com Valderin (2000), esse foi criado nos moldes de jardim de infância idealizado por Rui Barbosa nos Pareceres a respeito do decreto n.º 7.247, de 19 de abril de 1879. Esse documento trata da Reforma dos Ensinos Primário e Secundário do Município da Corte e Superior em todo o Império.

civismo. Para isso, nada melhor do que a proposta pedagógica[20] embasada nas ideias do líder religioso protestante alemão Friedrich Froebel, que eram centradas na espiritualidade e nos preceitos morais. As crianças eram comparadas a sementes que precisavam ser cuidadas pelas professoras, tidas como jardineiras, para germinar e crescer nos preceitos morais. Os jardins de infância públicos, fundados nos primeiros anos do governo republicano, dirigiam seu atendimento às crianças dos extratos sociais mais afortunados.

Em 1932, em meio às reformas educacionais no país, surgia o *Manifesto dos Pioneiros da Educação Nova*, que tinha como pontos centrais a escola como pública, gratuita, obrigatória e laica. Além disso, também contemplava a educação pré-escolar como base do sistema educacional. De acordo com Oliveira (2011), sob a influência dos pioneiros, alguns educadores progressistas, como Mario de Andrade, propunham a disseminação de praça de jogos nas cidades, à semelhança dos jardins de infância frobelianos, tal como ocorria em outros países da América do Sul. No mesmo período, permanecia a concepção de criança como o futuro da nação. As ações governamentais tomavam o seu lugar nas políticas sociais, porém continuavam marcadas por ações compensatórias e desordenadas, de caráter assistencialista e descontínuo e executadas por instituições filantrópicas.

Durante a Segunda Guerra Mundial, foi criada a Legião Brasileira de Assistência (LBA), símbolo da visão de atendimento à infância dos desfavorecidos. Idealizada por Darcy Vargas, esposa do presidente Getúlio Vargas, inicialmente se destinava à assistência às famílias dos pracinhas. Posteriormente, suas funções estenderam-se ao amparo aos velhos e desvalidos, à assistência médica às pessoas necessitadas, à proteção da maternidade e das crianças pequenas. Em 1945, a LBA contava com creches, lactários e orfanatos distribuídos em mais de 90% dos municípios brasileiros, sem contar os hospitais vinculados a ela, em diversos estados. Todas essas instituições visavam atender os filhos de trabalhadores e contavam com a mão de obra feminina voluntária. O objetivo permanecia o mesmo das instituições assistencialistas privadas: a submissão das classes desfavorecidas e a aceitação do seu lugar na sociedade. No entanto, deixava de ser entendida como um favor aos pobres e passava a ser vista como uma compensação ao pobre pelo seu trabalho, conforme Barbosa (2006).

---

[20] É importante lembrar que "[...] por força das ideologias liberais e positivistas, a Constituição de 1891 determinou a separação entre Igreja e Estado, de modo que a religião passava da esfera pública para a privada. O Estado foi proibido de financiar qualquer tipo de atividade religiosa, assim como, o Ensino Religioso. Havia liberdade para as escolas privadas para ministrarem o ensino laico ou religioso, de acordo com a sua proposta pedagógica" (CUNHA, 2005, p. 7).

Com as mudanças no mercado de trabalho, o processo de urbanização acelerada e os movimentos sociais, a dinâmica familiar foi sendo alterada. Ampliou-se a participação da mulher no mercado de trabalho e expandiu-se o número de famílias chefiadas por mulheres. Esse quadro, paralelamente aos acontecimentos do contexto internacional, motivou a luta por creches: a reivindicação de um espaço para as crianças, na perspectiva não apenas de guarda e cuidados, mas também de educação e inserção sociocultural. No final dos anos 1970, os movimentos de luta por creches eram organizados com o apoio das Comunidades Eclesiais de Base da Igreja Católica, baseadas na Teologia da Libertação e nas filosofias pastorais e das Associações de Bairro. No início dos anos 1980, o movimento ganhou mais corpo com a adesão das feministas. Ao mesmo tempo que havia o aparecimento e fortalecimento das lutas dos movimentos de exigência das creches e do Fórum Nacional de Defesa da Escola Pública, o cenário das políticas educacionais indicava mudanças. As pressões dos dois movimentos, somados ao fim da ditadura militar, resultaram em modificações na política educacional e na criação de vários planos e projetos destinados às crianças da primeira infância.

O atendimento às crianças da primeira infância fez parte da pauta de discussões de elaboração da Constituição de 1988. Corsino, Nunes e Didonet (2011) afirmam que, para discutir as questões relacionadas à infância durante o processo constituinte, foi criada uma comissão interministerial com a participação expressiva das organizações sociais que tinham interesse direto pelas crianças, a Comissão Nacional Criança e Constituinte (CNCC). Fizeram parte da comissão os ministérios governamentais e as entidades civis, entre elas, a Pastoral da Criança e a Conferência Nacional de Bispos do Brasil (CNBB). A comissão resultou na união de forças em prol dos direitos da criança. Segundo Oliveira (2011), alguns dos eixos de discussão eram o atendimento aos filhos de trabalhadores — que resultou na ampliação do número de creches mantidas por empresas industriais e comerciais e por órgãos públicos para os filhos dos seus funcionários — e a insuficiência do número de crianças atendidas pelo poder público. Em resposta às iniciativas alternativas, foram criados programas como as "mães crecheiras", os "lares vacinais", as "creches lares" ou "creches domiciliares". Todos esses foram programas assistenciais com a utilização de recursos comunitários, subsidiados a baixo custo pelos cofres públicos. As discussões em torno dos direitos das crianças tomaram força em meio às pressões políticas a favor do atendimento à infância.

As lutas pela democratização da escola pública, somadas às pressões dos movimentos feministas e sociais de lutas por creches, saíram vencedoras nas disputas em torno do atendimento à infância. O documento constitucional determinava, no artigo n.º 205, a educação como direito de todos, inclusive das crianças pequenas. E o artigo n.º 208, no inciso IV, colocava como dever do Estado a educação em creches e pré-escolas, de crianças de 0 a 6 anos de idade. O artigo n.º 227 assegurava os direitos da criança, entre eles, o da educação. Com a nova Constituição, a educação passou a ser direito de todo cidadão desde o nascimento, e a educação infantil passou a ser compreendida como um direito da criança, uma opção dos pais e um dever do Estado.

Como já foi visto, a Constituição de 1988 determinava o oferecimento do Ensino Religioso, e a maioria das constituições estaduais, promulgadas no ano seguinte, determinava o oferecimento do Ensino Religioso em seus sistemas educacionais e previa a disciplina religiosa a partir do ensino fundamental. No entanto, havia aquelas que não distinguiam as etapas educacionais e as modalidades para as quais o Ensino Religioso seria oferecido, abrindo brechas para o seu oferecimento na educação infantil.

Em 1990, o Estatuto da Criança e do Adolescente reafirmou os direitos dos cidadãos de pouca idade, e a Lei de Diretrizes e Bases, de 1996, concebeu a educação infantil como a primeira etapa da educação básica. As crianças pequenas passavam a ser, legalmente, sujeitos de direitos, entre eles, o de acesso à creche e à pré-escola — instituições educativas, cuja finalidade é a promoção de um desenvolvimento integral das crianças com ampla inserção cultural. O atendimento institucionalizado às crianças deslocou-se de setores como a saúde, o trabalho e a assistência para a educação, ou seja, institui-se a ideia de educação infantil — com creches e pré-escolas integradas aos sistemas de ensino — como direito de todos os cidadãos sem qualquer distinção ou diferença (de classe social, etnia, sexo, credo).[21]

Anos mais tarde, foram escritos documentos que reafirmavam o texto da LDB/1996. Dentre eles, estava a Resolução do CNE/CB n.º 5, de 17 dezembro de 2009, que fixa as Diretrizes Curriculares Nacionais para a

---

[21] Cabe ressaltar que, ao longo desse percurso, o vácuo deixado pela falta de consistência e de integração de políticas públicas voltadas para a infância abriu caminho para iniciativas privadas. As classes médias e altas da população passaram a pagar pelos serviços, já as classes populares se organizaram com seus parcos recursos em iniciativas comunitárias, muitas vezes em atendimentos domésticos, sem instalações e equipamentos adequados, contando com pessoal sem formação específica, com contribuições e doações e/ou recursos públicos oriundos de convênios. Esse repasse de verbas públicas às entidades assistenciais como intermediárias na prestação do serviço educacional à população, tarefa dos municípios, abriu espaço para o uso político e religioso dos espaços de educação infantil. O baixo custo levou à aceitação da baixa qualidade do atendimento, vista até mesmo como necessidade para atender à demanda da população, evidenciando, nos estabelecimentos conveniados e municipais indiretos, o predomínio, ainda, de uma concepção educacional assistencialista e "[...] preconceituosa com relação à pobreza, descomprometida com a qualidade de atendimento" (KUHLMMAN JR., 2004).

educação infantil - DCNEI. O documento é de caráter mandatório e estabelece princípios e pressupostos para orientar as propostas pedagógicas para educação infantil, assim como as políticas públicas e a elaboração, planejamento, execução e avaliação de propostas pedagógicas e curriculares de educação infantil. Nele, a infância é concebida como uma construção social situada em um determinado contexto histórico e cultural. A criança vista como sujeito de direito, competente e produtora de cultura à medida que nela é inserida.

As DCNEI estão pautadas em princípios éticos, estéticos e políticos. Os princípios éticos dizem respeito à autonomia, à responsabilidade, à solidariedade e ao respeito ao bem comum, ao meio ambiente e às diferentes culturas e identidades e singularidades. Os princípios estéticos abrangem a sensibilidade, a criatividade, a ludicidade e a liberdade de expressão nas diferentes manifestações artísticas e culturais. Os princípios políticos relacionam-se aos direitos de cidadania, ao exercício da criticidade e ao respeito a ordem democrática. É com base nesses princípios que as DCNEI determinam que as propostas pedagógicas das instituições de educação infantil devem prever condições para o trabalho coletivo e para a organização de materiais, espaços e tempos que assegurem o combate à discriminação e a dignidade da criança como pessoa humana e a proteção quanto a qualquer forma de violência, física ou simbólica. Desse modo, se posicionam a favor do combate à discriminação religiosa como objeto de reflexão e intervenção no cotidiano das instituições escolares voltadas para a infância. Propõem, ainda, um trabalho com diferentes linguagens e com culturas plurais na creche e pré-escola, possibilitando o fortalecimento dos saberes e das especificidades linguísticas, culturais e religiosas de cada comunidade (OLIVEIRA, 2011).

A Base Nacional Curricular Comum, Resolução do CNE/CP n. 2 de 27 dezembro de 2017, no que tange à educação infantil, reafirma os princípios e os eixos das práticas pedagógicas determinados pela DCNEI. De acordo com Barbosa e Fernandes (2020), os princípios éticos, estéticos e políticos das DCNEI foram traduzidos como direitos dos bebês e das crianças pequenas de: conviver, participar, brincar, explorar, comunicar, reconhecer-se – direitos de aprendizagem e desenvolvimento. Estes devem ser garantidos a todas as crianças, independentemente de cor, raça, gênero, etnia, religião. Esses verbos, entendidos em sua potencialidade de ação política, são capazes de gerar as experiências necessárias para construção de currículos democráticos voltados para as crianças pequenas.

A base está organizada em cinco campos de experiência: eu, outro e nós; corpo, gestos e movimentos; traços, sons, cores e formas; escuta, fala, pensamento e imaginação; e espaços, tempos, quantidades, relações e transformações. Em cada campo, são definidos objetivos de aprendizagem e desenvolvimento organizados em três grupos por faixa etária: bebês (0 a 16 meses), crianças bem pequenas (1 ano e 7 meses a 3 anos e 11 meses) e crianças pequenas (4 anos a 5 anos e 11 meses). A organização em campos de experiência reafirma a criança no centro do processo educativo e reconhece as suas experiências cotidianas e seus saberes, os articulando com o patrimônio cultural. Além disso, com base nas DCNEI, busca-se construir uma redefinição para a organização das experiências educacionais em termos das práticas cotidianas e linguagens que a escola poderia garantir às crianças, independente da sua classe social, afirmando o reconhecimento racial, étnico, religioso, de idade e gênero, adotando as diretrizes (Barbosa e Fernandes, 2020).

Entretanto, na Base Nacional Curricular Comum para o ensino fundamental, o Ensino Religioso é considerado uma área do conhecimento com seis objetivos. De acordo com Cunha (2020), os objetivos para o Ensino Religioso presentes na BNCC são inadequados para o currículo, pois demandam que sejam articulados com a Sociologia e a Filosofia para que não sejam interpretados de modo literal e abram brechas para proselitismos, tendo em vista que ambas as disciplinas são oferecidas somente no ensino médio e não a todos os alunos, diferente da disciplina de cunho religioso. Também coloca que o Ensino Religioso, conforme previsto na LDB/1996, lei n.º 9394/1996, deve ser de matrícula facultativa ao alunos do ensino fundamental. A base traz o debate da religião, mas não de caráter confessional (Baptista e Oliveira, 2020).

Apesar da BNCC prever o Ensino Religioso no ensino fundamental e não na educação infantil, pode vir a exercer forte influência nas práticas educativas que circulam nas escolas destinadas às crianças de 0 a 5 anos, em especial aquelas em idade pré-escolar. Peter Moss (2011), ao analisar a relação entre ensino fundamental e educação infantil em diferentes países no mundo, aponta que essa relação não tende a ser igualitária. O ensino fundamental, por há muito já estar consolidado como obrigatório e tido como principal etapa educacional, exerce pressão para que as suas práticas, conteúdos e metodologias sejam adotadas em creches e, sobretudo, pré-escolas. Essas tensões e disputas se intensificam ainda mais nos contextos de obrigatoriedade escolar em idade pré-escolar.

A Constituição de 1988, em vigor, sofreu alterações no que diz respeito ao atendimento educacional. Os incisos I e VII, do artigo n.º 208, foram alterados pela Emenda Constitucional n.º 59, de 2009. O inciso I passa a estender a obrigatoriedade da educação básica dos 4 aos 17 anos de idade e assegura a oferta gratuita a todos que não tiveram acesso na idade própria. Já o inciso VII determina o atendimento do educando, em todas as etapas da educação básica, por meio de programas suplementares de material didático-escolar, transporte, alimentação e assistência à saúde. A obrigatoriedade da pré-escola pode, assim, aproximar-se do ensino fundamental e ser mais uma brecha para o oferecimento do Ensino Religioso para as crianças ainda mais novas, de 4 a 5 anos.

O mesmo documento tem a democracia e a laicidade como importantes princípios. O princípio democrático consiste em reconhecer os sujeitos como iguais entre si, aptos a governar-se e a fazer suas próprias escolhas, o que envolve a liberdade de manifestação de credo, de opinião, de manifestações culturais diversas. Cabe ao ensino público garantir o exercício dos direitos comuns sem privilégios, ou discriminação em função das muitas particularidades e identidades que nos diferenciam como indivíduos. É também constitucional a exigência de preservar o espaço público, por ser de todos, de qualquer tipo de discriminação e uso indevido para fins de apropriação particular. Nele, deve ser assegurado o respeito ao âmbito pessoal e ao exercício efetivo dos direitos individuais.

Segundo Ranquetat Jr. (2008), o princípio da laicidade refere-se à formação de um Estado desvinculado de qualquer grupo religioso e a um espaço público neutro em matéria religiosa. Para o autor, a afirmação de um Estado laico implica dois sentidos de neutralidade em relação à religião: a exclusão dela da esfera pública e da esfera estatal e a imparcialidade do Estado com respeito às religiões. O primeiro desses sentidos é a neutralidade relacionada à exclusão, e o segundo são a neutralidade e a necessidade de tratamento igualitário a todas as religiões, ou seja, a imparcialidade. Segundo Baubérot (2005 *apud* RANQUETAT JR., 2008), a laicidade do Estado ocorre quando o poder político não depende da legitimação de alguma religião nem é dominado por ela, ou seja, há autonomia da esfera pública em relação às autoridades religiosas e a dissociação das leis civis das normas religiosas. Assim, para assegurar os princípios de base da democracia, a igualdade e a liberdade, faz-se necessária a neutralidade do espaço público. A Constituição brasileira de 1988 instituiu o Estado Democrático de Direito, e entre os seus princípios estão a liberdade e a igualdade, que só podem ser garantidas pela existência do espaço público, ou melhor, de uma esfera pública e estatal que garanta a neutralidade em matéria de liberdade de expressão, de credo, de opção sexual, de etnia etc. Reside também, nessa perspectiva, a ideia de que o Estado não pode manter nenhuma relação de aliança ou interdependência com qualquer grupo religioso. Cabe ao Estado democrático governar para todos, incluindo as minorias. A separação da religião da esfera pública governamental é um princípio democrático. O exercício do credo ou do não credo é de foro íntimo, uma opção pessoal, que deve ser exercida na instância privada ou em templos religiosos.

A Constituição de 1988 também assegura a todos os cidadãos, incluindo as crianças pequenas, a liberdade de crença, de consciência e de manifestação de culto, conforme consta no artigo 5º. De acordo com Roseli Fishmann (2010, 2008), a liberdade de consciência diz respeito às reflexões do sujeito, independentemente da sua religião — algo ligado à dignidade humana. A liberdade de crença refere-se à escolha, de foro íntimo, dos indivíduos de crer ou não. Por último, mas não menos importante, a liberdade de culto está relacionada à exteriorização da crença, à manifestação que vai para além da liberdade religiosa. Para Fishmann (2010, 2008), esse artigo reconhece o valor religioso presente na sociedade brasileira. Para Mariano (2009), tal valor nunca ficou excluído da esfera pública.

Mariano (2009), em seus estudos a respeito da laicidade no Brasil, tendo como base as disputas no período que antecedeu a promulgação da constituinte de 1988, mostra que a laicização da esfera pública tem sido um desafio. Isso se deve à intensificação, nas últimas quatro décadas, das disputas dos religiosos entre si[22] e deles com os laicos, e à implantação do Ensino Religioso nas escolas públicas. Para o autor, nas batalhas travadas entre laicos e religiosos, há apenas um consenso: o da existência da laicidade. No entanto, cada grupo a define de um modo. Os laicos defendem a rigorosa separação entre Estado e igreja e a restrição de participação e influência de autoridades e grupos religiosos na esfera pública. Já os religiosos procuram definir a laicidade de modo genérico, com o objetivo de legitimar a ocupação religiosa da esfera pública, mas sem desconsiderar o arranjo jurídico-político da laicidade estatal. Diante dessas definições, prevalece uma laicidade maleável, que varia de acordo com os interesses políticos, sendo necessária uma definição estatal de laicidade. Isso pode ser visto no Decreto n.º 7.107, de 11 de fevereiro de 2010, que promulgou o acordo entre o Brasil e o Vaticano e tem como um ponto o Ensino Religioso, como mostra o artigo n.º 11 desse documento:

---

[22] Tal disputa acontece principalmente entre católicos e protestantes, em especial, os pentecostais.

> A República Federativa do Brasil, em observância ao direito de liberdade religiosa, da diversidade cultural e da pluralidade confessional do país, respeita a importância do ensino religioso, em vista da formação integral da pessoa.
> § 1º. O ensino religioso, católico e de outras confissões religiosas, de matrícula facultativa, constitui disciplina dos horários normais das escolas públicas de ensino fundamental, assegurado o respeito à diversidade cultural religiosa do Brasil, em conformidade com a Constituição e as outras leis vigentes, sem qualquer forma de discriminação.

A concordata católica exemplifica como o Estado exerce um papel destacado na esfera religiosa, no reconhecimento público de organizações religiosas e na regulamentação da ocupação religiosa do espaço público e da própria esfera pública. É, ainda, a ausência de forças normativas e ascendência cultural para promover secularização da sociedade, que faz com que a laicidade do Estado pareça acuada pelos grupos religiosos politicamente organizados e mobilizados para atuar na esfera pública, como os católicos e os protestantes. Isso chega a ser interpretado como um processo em andamento de um movimento de redefinição da fronteira entre público e privado, um realinhamento na relação entre religião e política, marcado pela reabertura dos espaços públicos à ação organizada de instituições religiosas em todo o país, como explica Burity (2001; 2006, *apud* MARIANO, 2011).

Diante de tal quadro, e considerando que ao Estado laico e democrático compete o oferecimento da educação escolar, incluindo a destinada às crianças pequenas, igualmente laica e democrática, capaz de formar cidadãos críticos com capacidade argumentativa; capaz de difundir conhecimentos artísticos, culturais, científicos, tecnológicos das diferentes áreas, zelando pela convivência e pelo respeito à liberdade de crença ou não crença e de culto (BRANCO; CORSINO, 2010), pergunto: estaria o princípio democrático da laicidade presente na educação das crianças da educação infantil? A resposta a essa e a outras questões acerca do assunto faz parte dos objetivos desta pesquisa. A pesquisa de campo, que será abordada no próximo capítulo, traz elementos para se pensar a presença do discurso religioso no cotidiano de uma escola de educação infantil pública e gratuita. Ainda que o Ensino Religioso não seja assumido na proposta pedagógica da escola, ele acontece de diversas formas. A legislação — federal e municipal — abre possibilidade para esse ensino acontecer no horário escolar: há um consentimento da Secretaria Municipal de Educação, que tem uma coordenação para esse ensino; uma naturalização da ostentação, na escola pública, de símbolos religiosos; e uma aparente aprovação da comunidade escolar.

CAPÍTULO 4

ESCREVENDO CRÔNICA: O DISCURSO RELIGIOSO NUMA ESCOLA DE EDUCAÇÃO INFANTIL NO MUNICÍPIO DE DUQUE DE CAXIAS (RJ)

As crianças desconhecem o problema de que tratam, em toda a sua extensão, como não podem refletir sobre ele, não sabem o que significa, e recebem os mais vários e nocivos estímulos do mundo dos adultos, acontece inevitavelmente que as crianças que estudam religião na escola pública dirão, sem saber o que dizem:
— Chi! — aquele é espírita
— Aquele ali é positivista!
— Que é positivista?
— Não sei não... é maçom...
— Maçom?
— É... Tem parte com o diabo...
— Credo!
(Cecília Meireles, 2001b)

  O trecho na epígrafe é parte de uma das crônicas de Cecília Meireles sobre educação, publicada no jornal *Diário de Notícias*. Nesse texto, a cronista critica a introdução do Ensino Religioso nas escolas públicas brasileiras, em 1931. Usa de ironia para expor como as aulas de Ensino Religioso circulariam entre as crianças. Explicita a falta de condições das crianças de compreenderem preceitos religiosos e mostra o quanto tal ensino favorece a discriminação e torna-se um *nocivo estímulo do mundo adulto*. Como já vimos anteriormente, Cecília Meireles, como outros educadores que assinaram o Manifesto dos Pioneiros de 1932, era defensora da escola pública laica.

  Neste capítulo, trago as análises do material de pesquisa, a fim de conhecer e analisar os discursos religiosos que circulam na escola pública investigada. Os registros de campo foram reunidos em coleções, e é a partir delas que, embasada nos teóricos que dão sustentação a esta obra, teço reflexões e interpretações a respeito da circulação dos discursos religiosos na escola — campo empírico da pesquisa —, trabalho muito próximo do que é exercido pelo cronista, mas sem deixar de considerar as determinações que o rigor da pesquisa acadêmica impõe.

Conforme mencionado no Capítulo 1, para delinear o contexto dos discursos religiosos enunciados, foram reunidos registros de observações, de entrevistas, de informações sobre crianças e profissionais da instituição, além dos referentes à gestão, à proposta pedagógica e à turma observada. Foram levadas em consideração, na análise dos resultados, as interações entre adultos e crianças, as propostas de atividades, as brincadeiras, as produções culturais que circulam nessa esfera social, a organização do espaço e do tempo. Procurei captar os sentidos e significados do que vi, ouvi e fotografei.

Durante a organização do material, coloquei-me no lugar de uma colecionadora. Foram reunidos e agrupados os discursos, de maneira artesanal. As observações escritas e transcritas foram lidas e relidas inúmeras vezes. Tal trabalho produziu a identificação e a nomeação de categorias. Nas primeiras leituras dos registros de campo, foram identificadas as categorias, todas em caráter provisório. Houve retomadas ao diário de campo, a fim de encontrar elos, ouvir silêncios, pensar nos ditos e nos não ditos. As observações levavam à troca ou à formação de grupos, e, pouco a pouco, as categorizações ficavam mais consistentes. Dessa forma, assim como um colecionador procura juntar seus objetos de apreciação pelas similaridades, procurei reunir os achados da pesquisa em categorias, a partir da semelhança de suas configurações.

4.1 Contextualizando o município de Duque de Caxias, a escola, o entorno, a turma, as crianças e os adultos

Segundo Leite (2002), Duque de Caxias é um dos mais importantes municípios do estado do Rio de Janeiro. Isso pode ser explicado por vários motivos, entre os quais se destacam sua localização e sua população. O município está localizado na porção centro-sul do estado do Rio de Janeiro. Limita-se, ao norte, com os municípios de Miguel Pereira e Petrópolis; ao sul, com o do Rio de Janeiro; ao leste, com o de Magé; e, a oeste, com o de São João de Meriti. Sua área é de 442 km² — uma das maiores do estado.

Segundo dados do IBGE (2010)[23], Caxias tem a quarta maior população da região metropolitana do Rio de Janeiro, com 855.048 pessoas, hoje estimada em 929.449 pessoas. Os dados do censo também revelavam que 314.459 pessoas se declaravam evangélicas, 299.971 pessoas católicas e 173.634 pessoas sem religião.

---

[23] O último Censo Demográfico foi realizado em 2010. Em 2022, teve início ao levamento de dados para o novo censo.

Outro importante dado é o número de crianças de 0 a 5 anos, cerca de 72.696 crianças. Trata-se da segunda maior rede municipal pública de ensino do estado do Rio de Janeiro em matrículas, com cerca de 87.549; e a terceira em instituições públicas municipais de ensino, com 179 escolas de educação infantil e ensino fundamental. As escolas da rede municipal de ensino estão distribuídas pelos quatro distritos do município. São eles: Duque de Caxias, Campos Elíseos, Imbariê e Xerém. Os dois primeiros correspondem, respectivamente, ao 1º e ao 2º distrito, e localizam-se nas proximidades do centro da cidade, caracterizados como área urbana. Já os distritos de Imbariê e Xerém correspondem ao 3º e ao 4º distrito, e são caracterizados como região rural (VIANA, 1991).

Os dados do IBGE (2010) também indicam que o município conta com 113 escolas públicas municipais de educação infantil, que atendem 29.132 crianças.

Entre as escolas caxienses destinadas à infância, encontra-se a aqui estudada,[24] localizada na zona nobre de Duque de Caxias, o 1º Distrito. A escolha por essa unidade escolar deve-se à convergência de critérios: familiaridade, pois a escola havia sido campo de estágio da prática de ensino de educação infantil e por proximidade com um dos membros da equipe da escola, o que facilitou a entrada da pesquisadora no campo da pesquisa; e a indicação da escola pela Secretaria Municipal de Educação, por ser considerada como uma unidade de referência no atendimento às crianças pequenas, o que daria relevância à escolha.

4.1.1 A escola e seu entorno

Em 2011, a instituição pesquisada atendia cerca de 130 crianças de 2 a 5 anos, organizadas em seis turmas, e contava com duas turmas em tempo integral, uma de crianças de 2 anos, e outra de crianças de 3 anos; e quatro turmas de tempo parcial, duas de crianças de 5 anos, no turno da manhã, e duas de crianças de 4 anos, no turno da tarde. O atendimento às crianças era realizado por 28 profissionais (uma diretora, uma coordenadora pedagógica, uma secretária, uma auxiliar administrativa, oito professoras, sete estimuladoras[25], três serventes, três merendeiras, um porteiro, dois seguranças). Em cada turma, havia cerca de 20 crianças, as quais contavam com uma professora e com, pelo menos, uma estimuladora, sendo que as turmas com crianças de 2 e 3 anos tinham duas estimuladoras.

---

[24] Por questões éticas, foram dados à instituição, às crianças e aos adultos nomes fictícios.
[25] Nomenclatura dada às funcionárias que exercem a função de auxiliar de turma.

A escola apresenta instalações adequadas à educação infantil. Está instalada em uma casa de andar térreo, que conta com: quatro salas de atividades, sendo que, dentro de uma delas, há uma saleta onde funciona o almoxarifado; uma pequena sala dividida entre coordenação, secretaria e direção; uma brinquedoteca; um refeitório; uma sala de professores; dois banheiros infantis; dois banheiros adultos; um pátio interno e outro externo. É importante mencionar que a unidade dispõe de móveis e espaços adequados às crianças. Os banheiros infantis estão de acordo com a faixa etária atendida, com pias e vasos sanitários da altura das crianças. Os boxes também são adequados às crianças e aos adultos que as auxiliam durante a higiene, pois contam com piso antiderrapante e uma elevação para que os adultos fiquem na altura dos pequenos. O pátio externo tem uma piscina, uma casinha de bonecas de alvenaria e grama sintética. O espaço físico e as instalações são considerados modelo para outras escolas de educação infantil da rede municipal — apesar de parte dela, como a piscina, ter sido conquistada pela diretora atual, ao longo de sua gestão, por meio de articulações com comerciantes locais.

As salas de atividades têm capacidade para 20 a 25 crianças. Contam com um armário de ferro, usado para guardar pertences dos adultos e material escolar, como giz de cera, lápis, borracha etc.; uma estante de brinquedos e jogos; mesas e cadeiras, correspondentes ao número de crianças; e quadros de madeira fixados nas paredes. Cada uma das paredes é metade cinza e metade branca, com pintura com motivos infantis — crianças, animais, plantas e brinquedos desenhados. Nelas também ficavam afixados, mesmo que acima da altura dos olhos das crianças, os trabalhos por elas realizados, tais como: reconto coletivo de histórias, colagens coletivas, caça-palavras coletivos, letras de músicas cantadas pela turma etc. Em todas as salas, há um quadro branco e dois murais. Um dos murais servia como uma espécie de arquivo, com sacos transparentes pendurados para guardar trabalhos das crianças. Cada um deles era identificado com o nome de um aluno da turma. O outro mural era decorado com dizeres, cartazes, figuras, fotos das crianças, conforme a temática trabalhada pelas professoras, como, por exemplo, datas comemorativas, entre as quais estão a Páscoa, o Dia das Mães, do Meio Ambiente, do Folclore. O material exposto nos murais era, aparentemente, produzido pelos adultos, pois nele não havia marcas de expressões infantis. Por determinação da Secretaria Municipal de Educação de Caxias, era afixado, em um dos murais, o planejamento semanal do professor.

Os corredores eram marcados por mensagens religiosas. Nas paredes do corredor de entrada da escola , de um lado havia quadros com fotos da natureza e a citação de versículos bíblicos, e do outro, a imagem de duas crianças, uma abraçada a um globo terrestre e outra com as mãos postas em posição de prece. Nos corredores de acesso aos demais espaços da escola, havia murais e quadros cujo tema girava em torno da religiosidade. Os murais eram enfeitados com desenhos do Smilinguido e de Mig & Meg, personagens populares dos quadrinhos evangélicos, acompanhados de mensagens que remetiam a Deus.

A religião transbordava dos corredores para o restante da escola. Nas paredes da secretaria, havia a letra de uma música evangélica, acompanhada do desenho de pássaros, plantas e crianças. Nas salas de atividades, havia livros com temáticas bíblicas nas estantes destinadas às crianças. Materiais com a mesma temática marcavam presença na sala dos professores: DVD, livros, Bíblias e pequenos dizeres com versículos bíblicos. Nem a cozinha da escola ficava fora desse padrão, pois, na geladeira, havia um enorme calendário do Smilinguido. Os espaços da escola eram marcados pela religiosidade cristã.

A escola fica localizada em frente a uma comunidade às margens da Linha Vermelha, nas proximidades do centro de Caxias. No seu entorno, há uma praça com quadra de futebol, brinquedos para crianças e um quiosque; uma escola de ensino fundamental da rede pública municipal e um Centro Integrado de Educação Pública (Ciep), ambas as instituições de ensino apresentam frases religiosas pintadas no muro de entrada; uma associação beneficente que oferece atendimento médico gratuito aos moradores da comunidade (mantida por um deputado estadual); três igrejas evangélicas e um terreiro de cultos afro-brasileiros. Nas proximidades, há um pequeno comércio local: uma padaria, uma farmácia, um sacolão, três bares, uma oficina mecânica, uma papelaria, uma espécie de quadra de esporte privada (que parecia ser usada para a realização de eventos).

No trajeto do centro até a escola e nos arredores da escola, observei vários indícios de presença da religião. Alguns dos estabelecimentos comerciais apresentavam nomes evangélicos como Sheiknah, que significa "a glória de Deus". Algumas residências da vizinhança tocavam músicas evangélicas; outras tinham, em suas garagens, carros com adesivos de citações bíblicas ou de instituição religiosa. Em algumas casas, observei a presença de objetos religiosos expostos na fachada, como Bíblia, velas e aguidar, imagens de santos católicos.

4.1.2 A comunidade escolar

Os laços da comunidade com a escola antecedem a sua construção. O espaço ocupado pela instituição anteriormente abrigou uma escola de samba, e, depois, uma escola de ensino fundamental que foi transferida para um prédio próximo. Depois de alguns anos de abandono, o prédio foi reformado e transformado em escola de educação infantil, por iniciativa de um deputado estadual. As instalações presentes foram planejadas com o auxílio da diretora atual, que foi indicada para o cargo[26] quando a reforma ficou pronta.

A direção mantém uma boa relação com as famílias e a comunidade em geral. Boa parte das crianças atendidas mora na comunidade localizada no entorno da escola ou em bairros vizinhos. A escola é muito procurada e há, até mesmo, uma lista de espera para crianças que não conseguiram vaga, além de atender crianças de uma instituição municipal destinada a menores abandonados ou em condições de risco.

Parte da manutenção do equipamento escolar é compartilhada pelos responsáveis, por meio da realização de pequenos consertos ou da doação de recursos. Mesmo com a direção estando ciente de que tal tarefa compete aos órgãos públicos municipais, a arrecadação de recursos e/ou a mobilização dos responsáveis para pequenos consertos e obras faz parte da relação que a escola mantém com a comunidade. Vínculos estreitos e de afinidade parecem ter sido construídos com os responsáveis, como foi observado nas reuniões. A concretização de projetos e eventos também ocorre por meio da captação de recursos materiais e financeiros pela diretora no contato com os comerciantes locais e com a Secretaria Municipal de Educação. A diretora mostrou-se bem articulada. Sua liderança estende-se também aos professores, que a apoiam. Ela parece dar o tom final ao trabalho realizado na escola e receber o apoio de toda a sua equipe.

As observações realizadas no horário de entrada e de saída das crianças, nos eventos abertos à comunidade e nas reuniões de responsáveis revelam que a maioria dos pais das crianças são cristãos evangélicos. Foi observado, em suas falas e ações, que a religião parecia facilitar o bom relacionamento com a diretora e com algumas professoras evangélicas. Os responsáveis mostraram-se receptivos à presença de quadros, imagens e dizeres bíblicos na instituição — vide a fala de uma das mães, aparentemente evangélica, durante a reunião com todos os responsáveis da escola: *"Achei*

---

[26] Na rede municipal de Duque de Caxias, os cargos de direção das escolas são preenchidos pelo critério de indicação política.

lindos os quadros que tem no corredor!" Também, recebiam de modo amistoso, folhetos e convites, distribuídos pela escola para a divulgação de eventos religiosos, em cuja ilustração aparecem desenhos bíblicos e crianças com bom comportamento.

Notei que crianças mais velhas e/ou os adolescentes costumavam buscar ou trazer as crianças pequenas à escola. Tal fato acontecia com um número pequeno de crianças e parecia desagradar às professoras, às estimuladoras e à direção. A insatisfação pela não presença dos responsáveis adultos ficava clara nas situações de entrega de circulares, de reclamações de mau comportamento ou de baixa frequência da criança. As falas das professoras e das estimuladoras evidenciaram uma visão idealizada de família. Esperavam que os pais das crianças as trouxessem e buscassem diariamente, compartilhassem dos mesmos valores e preceitos morais e participassem ativamente das atividades escolares, por meio da ajuda na realização dos deveres de casa. Além disso, esperavam a presença desses responsáveis nas comemorações escolares, cobravam pontualidade nos horários de entrada e saída e preocupavam-se com a frequência em atividades extraescolares, como a participação no desfile cívico da cidade. Dessa forma, muitas das expectativas das professoras e das estimuladoras pareciam estar longe de ser correspondidas, devido à realidade sociocultural das famílias atendidas.

Outra constatação foi a de que professores e responsáveis não se entendiam, quando o assunto era a participação no trabalho pedagógico. Observações de reuniões de pais e de conversas informais entre pais, nos horários de entrada e saída, mostraram que a maioria dos responsáveis acreditava cooperar com o trabalho pedagógico, ao obedecerem às orientações das professoras, das estimuladoras e da diretora, quanto ao comportamento das crianças, ao cumprimento de horários de entrada e saída e aos prazos para entrega de materiais ou doações pedidas pela escola. Já as falas das professoras e da diretora evidenciavam o contrário: afirmavam não ser atendidas nem compreendidas pelos responsáveis, quando requisitavam a ajuda deles. Alegavam ainda que os adultos não auxiliavam nas tarefas enviadas para casa, tinham baixa participação nas reuniões e atividades extraescolares, eram omissos aos pedidos de repreensão das crianças por mau comportamento e por descuido com o material didático *doado* pela prefeitura. Em suma, de um lado, a maioria dos responsáveis acreditava dar todo o apoio necessário à escola, e, de outro, professoras, estimuladoras e diretora afirmavam que a maioria das famílias não se comprometia com o trabalho pedagógico.

Mesmo com alguns desencontros, foi observado que, de forma geral, a relação da escola com os membros da comunidade escolar era harmoniosa. Boa parte dos responsáveis mostrava-se satisfeita com a escola, e, na intenção de elogiar a instituição, muitos afirmavam que *parecia escola particular*. A satisfação era tanto com o espaço físico quanto com o aspecto pedagógico, portanto, sendo a escola considerada uma escola de qualidade. Os professores não discordavam dos pais e atribuíam tamanho sucesso aos esforços da diretora. Essas boas relações eram, muitas vezes, arrematadas pela afinidade religiosa entre responsáveis, professores e diretora.

4.1.3 A turma: situando as relações entre adulto-adulto, adulto-criança e criança-criança

As observações foram realizadas em uma turma com crianças entre 5 e 6 anos de idade, no turno da manhã. Nela, havia 25 crianças, todas moradoras da localidade, em especial da comunidade próxima à escola. Duas delas eram do abrigo municipal, localizado a alguns quarteirões da escola. Muitas crianças pareciam compartilhar dos mesmos espaços extraescolares. Além disso, a turma era formada, em sua maioria, por crianças que estavam juntas desde a creche. As relações entre criança-criança, criança- adulto e adulto-adulto eram de proximidade.

Conforme observado na reunião de responsáveis, nas conversas na porta da escola e nas comemorações, alguns pais procuravam a professora para pedir conselhos sobre os mais diversos assuntos que iam de dicas para melhorar o desempenho escolar até dúvidas quanto à sexualidade dos filhos. Outros pareciam entrar em pequenos embates com a professora. Pude constatar, na reunião de responsáveis, que alguns reclamavam do desinteresse dos filhos pela escola e indagavam à professora sobre o que acontecia, em sala de aula, que pudesse explicar esse desinteresse. O trabalho com o tema folclore também foi questionado na reunião. A professora, em suas respostas aos pais, desviava o foco para a importância da frequência para o trabalho pedagógico. Quando a questão era o bom comportamento dos filhos, os responsáveis argumentavam dizendo fazer de tudo para que as cobranças fossem atendidas. A professora insistia nas reclamações e nas dicas de como fazer as crianças se comportarem, mesmo que de forma sutil.

As conversas em sala de aula com a professora, durante a semana em que foi desenvolvida a temática do folclore, evidenciaram que vários responsáveis questionavam o folclore como conteúdo pedagógico. Segundo a professora, os responsáveis acreditavam que as lendas estavam relacionadas às religiões afro-brasileiras. Pude notar que a reunião de pais foi iniciada com argumentações da professora em defesa do tema folclore em sala. Ela, em sua fala, pontuou a importância da temática:

> *Estamos trabalhando as lendas, porque estamos no* [a professora para e fala devagar] *MÊS, DO, FOLCLORE. A lenda não tem nada a ver com religião, não, tá?! Dependendo da religião, tem familiar que não gosta... Lenda é história... É um resgate. Isso é importante? É! A gente vai trabalhando com a criança desde pequeninha conceitos históricos. Não estamos trabalhando religiões! Sei que os evangélicos não gostam. Estamos trabalhando a diversidade cultural do Brasil!*

Durante sua fala, a professora não abriu espaço para que os seus interlocutores emitissem opinião. Os responsáveis ouviram em silêncio, mas as expressões faciais de muitos mostravam não compartilharem do ponto de vista da professora.

Foi observado que a divergência entre os responsáveis e a professora não impedia a comunicação entre eles. De um lado, havia os responsáveis que se mostravam insatisfeitos com as constantes reclamações sobre o mau comportamento dos filhos. Os responsáveis, ao ouvirem as queixas da professora, na hora da saída, argumentavam, afirmando que seguiam as sugestões dela ou que a criança, em casa, tinha outro comportamento; ou diziam concordar com tudo o que era dito, mas suas expressões faciais eram de desacordo. De outro lado, estavam os responsáveis que viam a professora como uma conselheira e que seguiam à risca os conselhos dados por ela, na expectativa de solucionar os problemas de mau comportamento e mau desempenho escolar dos filhos. Nas reuniões observadas, a diretora procurava mediar as tensões entre os responsáveis e a professora. A fala da diretora era marcada pela valorização das opiniões dos presentes e aproximava-se dos discursos políticos eleitorais, pois apaziguava os ânimos dos responsáveis insatisfeitos e fortalecia os dos satisfeitos. Pude constatar que, apesar das divergências, a maioria dos responsáveis mostrava-se aberta à conversa, à participação e à colaboração com a professora e a escola, graças à mediação da diretora.

Entre as crianças, pôde ser observada a formação de pequenos grupos, em alguns momentos, direcionada por elas próprias, e, em outros, pela professora ou pela estimuladora. Os adultos organizavam as crianças que estavam na sala, pelo critério de comportamento, em grupos de quatro:

duas crianças consideradas bem-comportadas e duas malcomportadas, que não estavam atentas ou que não obedeciam. Observei que essa forma de organização tinha por objetivo a manutenção da disciplina; e, quando as crianças de cada grupo estavam entrosadas — conversando e brincando de forma mais solta — eram trocadas de lugar. As crianças organizavam-se, em pequenos grupos, de forma diferente da estabelecida pelos adultos, ao estarem longe dos olhares deles, principalmente durante as brincadeiras no pátio, nas refeições e nos horários de entrada e saída, quando se juntavam por afinidade na escolha de brincadeiras e jogos. Suas conversas e brincadeiras versavam sobre os mais diversos assuntos, dentre eles, os acontecimentos em família, nos quais incluía-se a ida à igreja. As conversas tinham a intenção de compartilhar acontecimentos e experiências.

Quando a professora foi esclarecida sobre a pesquisa que seria desenvolvida e assinou o Termo de Consentimento Livre e Esclarecido, afirmou que a escola era laica. Entretanto, suas práticas e seus discursos cotidianos foram, aos poucos, evidenciando sua opção religiosa e sua intenção de educar as crianças dentro de uma moral religiosa cristã. Era comum, diante de situações de mau comportamento das crianças e da não correspondência às suas expectativas, a formulação de enunciados típicos da esfera religiosa, como "[...] *tem que fazer coisa boa, Deus está vendo*".

A professora reconhecia o espaço escolar como lugar de aprendizagem. Em alguns momentos, chegou a falar sobre a importância do docente na formação dos sujeitos, em especial, na educação infantil. Em outros, costumava questionar o lugar por ela ocupado: "[…] *estou há muito tempo com eles. Sou contra esse negócio do professor acompanhar a turma. Eles parecem que acham que a gente é da família deles*". A professora assumia, frequentemente, um lugar próprio da esfera doméstica, interferindo para além do pedagógico, como pode ser visto na nota de campo a seguir:

> A professora Joana, ao organizar a turma, nota que uma das crianças, Maria, está com dois cordões, um, azul; e outro, rosa. Joana pede que Maria guarde um dos cordões. Maria faz com a cabeça que não. Joana tenta persuadir a menina a retirar um dos cordões:
> Vai ficar com o rosa?! — para e espera a menina escolher um. Maria parece não decidir — [...] Quem usa assim é baiana, quando tá fantasiada! — diz em tom de deboche, pois a menina continuava com os dois cordões e a olhava com dó de atender à solicitação. — Só combina um. Deixa eu ver. — diz Joana como se quisesse ajudar na escolha. [...] Ah! O azul?! Combina

> com o uniforme! — a professora começa a ensinar a menina como usar os cordões e combiná-los. Maria, por sua vez, olha desconcertada Joana retirar um dos cordões de seu pescoço. (Diário de Campo, 17/8/2011).

O discurso doméstico não se limitava às escolhas das crianças. Ele se fazia presente nas críticas da professora aos hábitos e costumes das famílias, porque muitos desses comportamentos destoavam dos dela. Quando as crianças respondiam às suas reprimendas, afirmava, com frequência, que suas famílias sofriam da ausência de tudo, inclusive do respeito e da moral: "[...] *nós, professoras, parecemos ser vistas como parte da família e eles deixam de respeitar*". A professora empenhava-se em ensinar não apenas os conteúdos pedagógicos, mas também o que ela julgava ser necessário para preencher as lacunas familiares. Era comum serem abordadas, nas aulas, temáticas relacionadas à bondade e questões referentes à esfera religiosa. Embora não fossem pronunciadas palavras típicas do discurso religioso, ele era enunciado nas entrelinhas: nas entonações, nos olhares, nos contextos enunciativos, nos gestos. Além disso, a professora compartilhava com as crianças sua vida pessoal e familiar, contava sobre a infância da filha, os seus animais domésticos etc. Cada um dos pequenos não era apenas aluno, mas parte da sua família. Os discursos doméstico, religioso e escolar, presentes nas falas da professora, misturavam-se, dependendo do contexto enunciativo. Em alguns momentos, predominava um dos discursos e, em outros, havia dificuldades para distingui-los, por exemplo:

> A professora anuncia que vai começar a ler a história. As crianças ficam curiosas com as ilustrações da capa e fazem várias perguntas. A professora fica irritada diz: — Eu conheço mais de quinhentas professoras e muitas delas não contavam que iam começar a história, liam logo. — muda para um tom de voz mais brando. — Isso que eu faço é difícil... Tem que ter amor... — fala num tom de pregação — isso que eu faço é coisa de quem ama as crianças. Não basta eu amar. Tem que querer ser amado, quem quer ser amado fica quietinho, obedece.... Quem quer ser amado?! Fecha a boquinha! (Diário de Campo, 5/5/2011).

A estimuladora parecia fazer seus os enunciados da professora. Nas primeiras observações, parecia concordar com o discurso. No entanto, com a estada no campo, percebi que as práticas e os discursos das duas profissionais destoavam. A estimuladora procurava intensificar suas relações com as crianças, aproximava-se delas com o objetivo de conhecê-las e conhecer seus gostos, suas afinidades, suas relações afetivas. As informações que surgiam de tal relação eram usadas na proposição de atividades, na organização da turma, nos diálogos estabelecidos com as crianças etc.

Na turma, costumavam circular, além dos discursos religiosos, discursos pedagógicos. As crianças eram recebidas, de manhã, pela estimuladora, que costumava contar histórias, fazer brincadeiras e conversar com elas, após o desjejum, até a chegada da professora. Esta, quando chegava, contava uma história e, em seguida, realizava atividades de colorir figuras ou de copiar, do quadro, o nome da história e alguns desenhos relacionados à narrativa. Outras atividades comuns eram ligar objetos ou animais aos seus respectivos nomes e dizer o nome das letras do abecedário desenhado acima do quadro. Terminada a atividade, era pedido às crianças que escrevessem o nome e a turma e entregassem à professora. Caso as tarefas fossem concluídas antes do tempo previsto, as crianças eram organizadas em pequenos grupos para realizarem atividades diversificadas — massinha, leitura, blocos de construir, jogos de encaixe e bonecas ou brinquedos trazidos de casa —, ou iam para o pátio ou faziam leitura individual do acervo de livros e revistas disponível em sala de aula, ou, ainda, aguardavam, de cabeça baixa, o horário do almoço. Antes da refeição, faziam uma fila para ir ao refeitório. Após o almoço, escovavam os dentes, organizavam o material, deslocavam-se em fila e aguardavam, sentados no chão do corredor de entrada da escola, os responsáveis. Às terças-feiras, ocorriam oficinas de leitura, realizadas por um contador de histórias da Secretaria de Livro e Leitura da SME-Caxias. Nas oficinas, as crianças costumavam cantar, dançar, ouvir músicas, recontar histórias etc.

Essa descrição evidencia uma rotina bastante disciplinadora, tanto dos comportamentos quanto da produção das crianças: o trabalho pedagógico pouco criativo, centrado em atividades preestabelecidas pela professora, com práticas escolares monótonas, pouco significativas e mediadas pelo uso de caderno para cópias do quadro.

Nesse contexto, foram enunciados os discursos religiosos que serão analisados a seguir.

4.2 A presença do discurso religioso na escola

Segundo Bakhtin (1998), nossos discursos são repletos de palavras do outro. A maioria das informações e opiniões que emitimos referem-se a uma fonte e, ao transmitirmos as palavras alheias, formulamos o discurso, fazendo nossas introduções, seleções e acentuações. Quem fala a palavra do outro tem seus interesses e suas intenções e usa procedimentos de transmissão variados, tanto no que concerne ao gênero quanto no que diz respeito ao enquadramento interpretativo. A articulação, a transmissão e a significação dos discursos alheios são produzidas de acordo com o contexto. Bakhtin afirma que os discursos que se colocam no nível ideológico de formação do homem, com nítida intenção de definir atitudes e comportamentos — como é o caso de muitos discursos pedagógicos e religiosos —, a palavra pode surgir de duas formas: como autoritária ou interiormente persuasiva (CORSINO, 2003).

A primeira delas coloca-se ao outro de forma engessada, monológica e sem possibilidade de réplica, interiorizada como dogma, destituindo o sujeito de autoria, o que leva ao agir tutelado por prescrições e sem efetivas transformações no sujeito. Já a segunda, compreendida como dialógica e como possibilidade real de apropriação pelo sujeito, permite transformações na sua forma de pensar e de agir, constituindo o seu processo de formação.

De interesse, ainda para este estudo, é o destaque dado por Bakhtin à ideologia do cotidiano. De acordo com Goulart (2006), essa ideologia estabelece uma relação dialética com outros sistemas estabelecidos, como a arte, a moral, a religião. Ela constitui o domínio da palavra nas suas diferentes formas e materialidades, em um sistema centrado na vida cotidiana. A ideologia do cotidiano, assim como a palavra interiormente persuasiva, também é carregada de conceitos, preceitos, frases feitas, os quais são apropriados pelos sujeitos em interação. Nos seus níveis superiores — grupos sociais mais organizados, como categorias profissionais, estudantes, religiosos —, os sentidos ideológicos postos em circulação ganham estabilidade e são representados por ações específicas, no plano concreto dos acontecimentos, infiltrando-se pouco a pouco nas instituições ideológicas (a imprensa, a ciência, a escola etc.), modificando e sendo modificados por elas. É no nível superior que "a ideologia do cotidiano torna-se relativamente estável, exerce forte influência na vida social e imprime sua hegemonia nas relações sociais" (GONÇALVES, 2012, p. 70). Assim, à medida que um indivíduo interage com outro na e pela palavra, ambos constituem-se mutuamente, apropriando-se um da palavra do outro, conforme atribuem significado a ela. É na palavra que a ideologia materializa-se, forma-se e circula na vida social. Os indivíduos, ao expressarem-se pelas palavras, muitas vezes reproduzem a ideologia que circula no cotidiano dos auditórios sociais aos quais pertencem.

Partimos, então, dessas considerações bakhtinianas sobre os discursos do outro e suas apropriações para refletir sobre os enunciados produzidos e apropriados por diferentes sujeitos — crianças e adultos —, no cotidiano da escola de educação infantil que é campo desta pesquisa. Nessa perspectiva, compreendemos o campo como um auditório repleto das mais diversas vozes que, ao serem registradas, permitem que surjam análises e interpretações realizadas em um processo dialógico entre o próprio pesquisador e suas fontes.

4.2.1 Os discursos religiosos entre os adultos

Entre os sujeitos presentes no auditório social, estão os adultos. Essa categoria pode desdobrar-se em outras, por exemplo: responsável, professor, estimuladora etc. Cada uma delas atua de uma determinada maneira no auditório social, conforme o contexto situacional e a posição hierárquica. Atuam ora como enunciador, ora como destinatário dos enunciados, no desenrolar dos acontecimentos do campo. Vale lembrar que, segundo Bakhtin (1981), todo discurso é um fenômeno bifacial que exige a presença de um locutor e de um ouvinte. Trata-se de enunciados em cadeia dirigidos a um outro, mesmo que ausente ou presumido, que são elaborados e organizados de acordo com os interlocutores e as intenções enunciativas. Ou seja, todo discurso tem um endereçamento e uma intenção, os quais determinam a construção composicional, o estilo e o tema no qual ele se estruturará. Dessa forma, os enunciados de um adulto, endereçados a outro, tomarão forma de acordo com as suas intenções, o lugar ocupado pelos sujeitos e o contexto situacional de enunciação. Então, quais seriam os discursos religiosos que circulavam na escola dirigidos aos adultos? Para quais adultos?

4.2.1.1 O que revelam as paredes da escola?

As paredes da escola podem ajudar a responder muitas das perguntas suscitadas. Nelas, estavam presentes pinturas e murais em torno da temática religiosa. As pinturas estavam espalhadas por todas as paredes da sala onde funcionavam a direção, a coordenação e a secretaria. Já os murais estavam espalhados pela escola. Tanto as pinturas quanto os murais ficavam fora do campo de visão das crianças, já que era necessário, para elas, olhar para cima a fim de vê-los. Isso indica que suas imagens não eram direcionadas às crianças, mas sim aos adultos que circulavam no espaço escolar.

Para Corsino, Nunes e Kramer (2009b), a imagem conta com dimensões da informação, da criação, da interpretação dos conhecimentos educativos e da estética dos envolvidos na criação dos murais. *"As imagens constituem o próprio texto, que pulsa, vibra e diz sobre o mundo e a compreensão que temos dele"* (CORSINO; NUNES; KRAMER, 2009b, p. 199). As autoras indagam sobre os aparatos pedagógicos escolares expressos pelas imagens, tais como os murais: qual a sua função; quais os seus conteúdos; entre outras questões. Compreendem que espaços, objetos e toda sorte de produção cultural e de gêneros discursivos que circulam são conteúdos carregados de significados partilhados e sentidos construídos de acordo com a situação e os contextos vivenciados pelos sujeitos em suas interações. Para investigar o que revelam os murais, as autoras, inspiradas em Ginzburg, indicam o método interpretativo, centrado nos resíduos, em dados marginais, em pequenos indícios e em rastros reveladores. Diante disso, busco investigar quais os discursos religiosos que circulam na escola, por meio dos indícios e rastros impressos nas paredes da escola, sejam eles murais, quadros ou pinturas.

Nos murais,[27] eram impressas imagens e mensagens religiosas. Mensagens curtas, objetivas e de fácil compreensão, que buscavam conquistar os adultos. As imagens eram de personagens infantis do mundo gospel, tais como Mig & Meg e/ou Smilinguido,[28] ou faziam alusão a eles. Na composição dos murais, podia ser vista a combinação de cores fortes e vibrantes, com a qual as imagens e as mensagens destacavam-se, em fundos multicoloridos. Esses indícios apontam para uma produção voltada a crianças e com a finalidade de alegrar o ambiente. No entanto, esses elementos, combinados ao lugar ocupado pelo mural, revelam diferentes intenções de interlocução também com os adultos. As combinações de imagens e mensagens compunham enunciados típicos da esfera religiosa em torno das temáticas de boas-vindas, valorização dos sujeitos, bondade e evangelização.

---

[27] Compreende-se como mural todo e qualquer suporte definido como espaço destinado a diferentes práticas de leitura, instalado em áreas externas e internas da escola, como paredes, pilastras, muros, portas, corredores etc., cujas funções variam da comunicação com a comunidade escolar até a decoração da instituição (TEIXEIRA, 2008, p. 77). No caso da instituição estudada, foram analisados apenas os murais com conteúdos religiosos. Como já foi descrito, as salas de atividades tinham murais temáticos dos projetos, os sacos plásticos para guardar trabalhos das crianças, abecedário e chamadinha. Os murais religiosos eram usados como artigos de decoração do espaço escolar, e todos eram emoldurados.

[28] Mig & Meg e Smilinguido são personagens de histórias em quadrinhos evangélicas. Os dois primeiros são os protagonistas do gibi "Turminha Mig&Meg", enquanto Smilinguido também protagoniza um gibi, que leva o seu nome. Todos são personagens idealizados e criados por um casal de desenhistas evangélicos.
Fontes: http://www.migmeg.com.br/historia/; http://www.smilinguido.com.br/turma/historia.php.

O mural em torno da primeira temática ficava próximo à sala das crianças de 2 e 3 anos. Os desenhos de crianças e a mesma palavra, repetida várias vezes, procuravam transmitir conforto e receptividade, além da valorização da presença das crianças no espaço escolar. O todo enunciativo procura passar mensagens de boas-vindas. A intenção parecia ser a de mostrar, aos responsáveis das crianças pequenas, que a escola é um ambiente aconchegante e confiável, no qual podem deixá-las (Figura 1).

Figura 1 – Mural em frente à sala das crianças de 2 e 3 anos

Fonte: imagem do autor

Ao lado do mural anterior, estava o de temática evangelística. As imagens de Mig & Meg, próximo das palavras enunciadas, mostram a intenção de marcar uma identidade religiosa: a evangélica. A frase indica a intenção de evangelizar responsáveis. Também ressaltava a religião evangélica como fonte de solução para todos os problemas, sendo até mesmo capaz de preencher os vazios emocionais de cada um, sejam eles resultantes de causas sociais, financeiras ou familiares, conforme observado na Figura 2.

Figura 2 – Mural sobre a temática de evangelização

Fonte: imagem do autor

O discurso religioso abrangia a temática da valorização dos sujeitos, como pode ser observado nas figuras 3 e 4. Esses murais ficavam no início do corredor principal da escola. Nos murais de valorização dos sujeitos, o discurso religioso podia ser visto ora de maneira explícita, ora de maneira implícita. Os murais explícitos usavam enunciados típicos da esfera religiosa para valorizar os adultos, conforme mostra a Figura 3.

Figura 3 – Quadro de aniversariantes do mês.

Fonte: imagem do autor

As mensagens presentes na figura anterior eram destinadas, especificamente, aos profissionais que atuavam na instituição. Nas flores estavam colocados papéis com os nomes dos profissionais que atuam na escola de acordo com as suas datas de aniversário. A frase "Deus criou as flores para o mundo enfeitar" associada ao nomes dos funcionários da escola fixado nas flores davam a ideia de que os enunciados, de conteúdo cristão, eram tidos como partilhados por professores, estimuladoras, merendeiras, equipe de limpeza, coordenação pedagógica. Após as flores a frase " E criou você para a nossa creche alegrar!" parece buscar dar o tom de equipe, de unidade. Já os demais quadros presentes ainda no mesmo corredor pareciam ser direcionados a todos os adultos, sejam eles funcionários ou não. Dessa forma, era exaltada a importância das pessoas que circulavam na escola para a instituição e para Deus, como se uma coisa implicasse a outra.

De acordo com Bakhtin (1995), a significação atribuída à palavra e à imagem é inseparável da situação concreta em que é realizada e muda de acordo com a situação. Nas mensagens implícitas, os enunciados pareciam não ter nenhuma relação com a esfera religiosa; no entanto, às imagens dos personagens dos quadrinhos infantis gospel e às palavras que as acompanhavam, na situação concreta enunciada, de uma escola imersa na religião, atribuíam-se sentidos e significados religiosos, conforme a Figura 4.

Figura 4 – Mural sobre a temática de valorização dos sujeitos

Fonte: imagem do autor

Os murais de valorização dos sujeitos, com enunciados religiosos explícitos ou implícitos, remetiam a uma relação de pessoalidade entre os adultos. Para isso, era usado o pronome pessoal "você". O tom de proximidade propiciava a facilitação da presença de enunciados religiosos, com uma conotação de valorização dos sujeitos, a fim de criar uma esfera de unidade entre os adultos, sejam eles professores, sejam responsáveis, estimuladoras ou merendeiras.

A temática da bondade permeava os enunciados de intenção religiosa. Qual seria a intenção das mensagens de exaltação de atos de bondade? Nos enunciados estavam presentes termos e expressões como "boa", "bondade", "fazer o bem", entre outros, como "plantar" e "colher", que remetem a imagens bíblicas. O jogo de palavras e imagens dava um sentido religioso aos enunciados, conforme mostra a figura a seguir.

Figura 5 – Mural sobre a temática da bondade

Fonte: imagem do autor

Os murais de valorização dos sujeitos e da bondade ocupavam lugar de destaque. Ambos os murais contam com o personagem Mig dos gibis evangélicos *Turminha Mig&Meg*. Na Figura 5 o mural aborda a temática da bondade com a frase "Vamos plantar coisas boas para colher coisas excelentes". Tanto nesse mural quanto nos anteriores o tom religioso é dado pela presença de personagens dos gibis evangélicos. Os murais com as temáticas valorização dos sujeitos e da bondade dividiam o corredor de maior circulação na instituição, pois nele estavam situadas duas salas de atividades e os banheiros adultos e infantis. Por esse corredor, também se tem acesso à cozinha e ao refeitório. A intencionalidade dos quadros parecia ser a de evangelizar, de maneira discreta, os adultos que circulavam pela instituição, sendo, pois, necessário que as mensagens de bondade e valorização dos sujeitos fossem expostas em espaços de fácil visualização.

Os murais não eram os únicos discursos impressos com intenção religiosa nas paredes da escola. De acordo com a teoria da linguagem bakhtiniana, "[...] os sentidos são atribuídos conforme a sua significação mais frequente, na vida da comunidade, na utilização temática dessa ou daquela imagem ou palavra" (BAKHTIN, 1995, p. 130). Imagens de elementos da natureza, como uma flor com pétalas abertas como raios de sol, costumam ser recorrentes em cartões, cartazes, entre outros suportes de mensagens religiosas. Logo, as imagens das figuras 6 a 8, tendo em vista que sua utilização alinha-se ao mesmo universo de significação da religiosidade, tinham como um de seus objetivos evangelizar.

Figura 6 – Imagem exposta no corredor de entrada da escola com a temática de agradecimento a Deus

Fonte: imagem do autor

No corredor de entrada, havia quadros com fotos e dizeres religiosos, versículos bíblicos de exaltação e de agradecimento a Deus, conforme visto nas figuras 6 e 7. Na Figura 6 a imagem da natureza vinha acompanhada por um versículo de exaltação a Deus. Também, pode ser atribuído a ela o sentido, em sintonia com o contexto enunciativo, de que a escola fazia parte das maravilhas divinas. Logo, o ser superior precisava ser exaltado no espaço escolar.

Figura 7 – Imagens do corredor de entrada da escola

Fonte: imagem do autor

Na figura 7, a foto dialoga com a pintura. Conforme pode ser visto, tanto a pintura da criança quanto a foto mostram as mãos juntas, na altura do peito, como se estivessem fazendo uma oração. Era como se uma imagem completasse a outra, e as duas juntas transmitissem a ideia de unidade entre adultos e crianças, em relação à religiosidade. O diálogo entre elas também mostrava a demarcação de agradecimento a Deus pela existência da instituição. Tal fato desconsiderava a possibilidade de que adultos e crianças que circulavam pela escola pudessem ter outra profissão de fé além do cristianismo.

Figura 8 – Foto de uma das paredes da sala onde funcionavam secretaria, coordenação e direção escolar

Fonte: imagem do autor

As pinturas nas paredes falavam por si sós. Na sala compartilhada pela secretaria, coordenação e direção escolar, em cada parede havia um trecho de uma música evangélica, conforme mostra a Figura 8. A letra trazia conteúdos de valorização do sujeito criança, mas a altura e o lugar em que foi registrada indicavam que os seus destinatários eram os adultos. Além disso, a presença do enunciado religioso do gênero música na sala dos gestores da instituição revela não apenas permissão da circulação do discurso religioso como também o incentivo a eles, especialmente por parte da diretora.

Os quadros, os murais e as pinturas apontam para a presença de uma estética embebida na religião. De acordo com Sobral (2008), do ponto de vista bakhtiniano, a forma arquitetônica cria o objeto estético, que é o conteúdo da atividade estética,[29] dotado de singularidade e de uma estrutura da ordem artística. Os enunciados impressos nas paredes da escola possuem conteúdo, estilo e enredo religioso, como pode ser visto nas imagens, nos traços dos desenhos e no estilo das fotografias. O todo enunciativo configura-se em discursos típicos da esfera religiosa, uma decoração do ambiente escolar que se aproxima à dos espaços destinados às crianças nas igrejas evangélicas. Pode-se dizer que, naquela escola, pelo menos nos corredores, havia forte influência da estética religiosa infantil, em alguns momentos absorvida como parte da estética escolar.

[29] É a contemplação ativa e eficaz que decorre do excedente de visão externa e interna (BAKHTIN, 2006, p. 23).

Os murais são usados com a finalidade de socialização. Pode-se dizer que eles buscam socializar a fé. No entanto, Bakhtin, em seus estudos, afirma que a ideologia está ligada ao ponto de vista vivencial. A fé religiosa faz parte do ponto de vista particular com que se enxerga a vida. Os murais, nos corredores da escola, procuravam socializar a fé cristã evangélica. Murais, quadros e pinturas revelam a realidade sígnica da escola. De acordo com Bakhtin (1995), todo corpo físico pode ser percebido como símbolo, e toda imagem artístico-simbólica, ocasionada por um objeto físico particular, já é um produto ideológico (p. 31). Converte-se em signo o objeto físico que faz parte de uma dada realidade, ao mesmo tempo que reflete e refrata, numa certa medida, outra. Todo signo é ideológico; e os murais, os quadros e as pinturas presentes nas paredes da escola são signos repletos de intenções evangelizadoras. Essa explicitação ideológica, numa escola municipal, reflete a ideologia dominante na comunidade escolar ou no grupo que detém o poder institucional? Num espaço escolar que se pretende laico, a difusão de preceitos religiosos não seria destoante e imprópria? Haveria refrações desses signos em expressões de outras atividades humanas para além da escolar? Essas possibilidades de olhares dão a tais elementos representativos a característica de signo, mas também trazem à tona a dimensão religiosa que os caracteriza no espaço estudado.

4.2.1.2 Evangelizar é preciso: folhetos e convites distribuídos para os adultos

Os folhetos e convites também ajudam a responder às questões suscitadas. Eram distribuídos para os adultos que circulavam na escola convites de eventos religiosos e folhetos evangelísticos. Os destinatários eram ora os responsáveis, ora os funcionários, ora ambos. Os meios pelos quais chegavam aos seus destinatários eram os mais variados, por exemplo, eram fixados nas paredes da escola ou nas cadernetas das crianças. O importante era evangelizar todos os adultos, quer fossem responsáveis, quer fossem funcionários da escola. No entanto, os principais destinatários dos folhetos evangelísticos eram os responsáveis.

Tais folhetos costumavam ser distribuídos em datas comemorativas, como o Dia das Mães. Eram entregues com objetos confeccionados pelas crianças. Quanto à distribuição e à compra deles, contava-se com o apoio da diretora, que separava o número de folhetos de acordo com o número de crianças de cada turma e entregava à professora da turma para que fixasse nas agendas. Os textos dos folhetos abordavam assuntos variados, mas mantinham a construção composicional, o estilo e o tema. As narrativas giravam em torno de passagens bíblicas e faziam menção a elas, por meio de citações de versículos, que se assemelhavam a sermões, realizados na tentativa de buscar alcançar novos adeptos, entre os responsáveis das crianças. Isso pode ser visto no folheto que acompanhava a lembrança do Dia das Mães entregue e confeccionada pelas crianças, conforme mostra a Figura 9.

Figura 9 – Folheto distribuído na escola no Dia das Mães

Fonte: imagem do autor

Os convites tinham a intenção de evangelizar. Costumavam ser distribuídos pelas professoras que professavam a fé cristã evangélica para os colegas. Convidavam para participar de eventos e comemorações nas suas respectivas instituições religiosas. Os eventos religiosos eram dos mais variados, por exemplo, de feiras missionárias a oficinas de artesanato. As comemorações podiam ser de festas religiosas, como a Páscoa e o Natal, e aniversários de templos religiosos. Os convites buscavam a divulgação de instituições religiosas com a intenção de atrair novos adeptos, logo, podem ter como uma das suas caraterísticas a temática evangelística (Figura 10).

Figura 10 – Convite distribuído por uma das professoras para os colegas de trabalho

Fonte: imagem do autor

A distribuição dos impressos religiosos contava com o apoio da direção da escola. A maioria dos folhetos recebia a autorização da diretora, antes de serem entregues pelas professoras aos responsáveis, como foi o caso do convite acima, na Figura 10. Os convites não eram levados à diretora a fim de ser-lhe pedida autorização para serem distribuídos, mas eram entregues pelas professoras evangélicas às colegas, em tom de compartilhamento de algo que definitiva e livremente escolhe-se, por sua importância inquestionável, ainda que fossem repletos de intenções de convencimento. A diretora da escola parecia não ver problema algum nisso, em especial, por compartilhar do mesmo credo. O gênero "pregação" fazia-se presente de várias maneiras. Era enunciado por adultos e destinado a outros adultos com a intenção de conquistar fiéis, além de servir como elemento de identificação entre os adultos que compartilhavam da mesma fé.

4.2.1.3 Mamãe, presentão de Deus: o gênero musical endereçado aos responsáveis

> No dia da mamãe
> Um segredo vou contar
> Nunca vou me esquecer
> Sempre, sempre vou te amar
> Você é o meu tesouro
> A maior recordação
> Vou agradecer a Deus
> Pois você é um presentão (Diário de Campo, 5/5/2010).

A canção anterior foi apresentada pelas crianças, na comemoração do Dia das Mães. Era endereçada às mulheres responsáveis pelas crianças, sejam elas avós, sejam tias, irmãs, mães. O contexto de sua enunciação era o de comemoração, mas também se tornou mais uma oportunidade para se falar de Deus. A mãe, como um presente de Deus, era homenageada e convocada à conversão, dado que, com as lembranças confeccionadas pelas crianças, recebiam também o folheto analisado anteriormente. Na organização da festa, havia a intenção de homenagear e evangelizar as mães.

4.2.2 Os discursos religiosos endereçados às crianças

As crianças não ficavam isentas da influência do discurso religioso. Os enunciados religiosos faziam-se presentes nos diálogos entre adultos e crianças. Materializavam-se de diversas maneiras, de acordo com as intenções e os contextos de enunciação. Entre os gêneros discursivos utilizados para expressão de tal saber, destacavam-se: "teatro", reprimendas, orações, aula, conversas, filmes [30]. Todos eles eram, na maioria das vezes, enunciados pela professora regente da turma, com exceção dos filmes — que eram escolhidos para as crianças assistirem por abordarem histórias bíblicas direta ou indiretamente. O gênero discursivo conversa merece destaque, devido aos acentos apreciativos e às entonações, que davam aos seus conteúdos significados próprios ao Ensino Religioso. Um exemplo são os enunciados como: *tem que ser bom, fazer coisas boas* com acento em "bom" e em "boas", e com tom prolongado nessas palavras.

Todo enunciado implica uma resposta, seja ela explícita ou implícita. A diferença entre os tipos de respostas ocorre pela palavra especificada no primeiro, porque as formas particulares de expressões corporais e acentos apreciativos estão em ambas. É importante lembrar que a fala das crianças nem sempre é o meio pelo qual a resposta se expressa. Em suas interações, elas se apropriam do mundo à sua volta e constituem-se como sujeitos, vendo o mundo com seus próprios olhos e ressignificando-o continuamente, pois não apenas estão inseridas na cultura como também são produtoras dela. Com base nisso, serão analisados alguns enunciados endereçados às crianças e suas réplicas.

---

[30] Durante a estada no campo, foi identificada a presença do gênero filme como forma de enunciação do discurso religioso destinado às crianças pequenas. No entanto, no presente trabalho, não serão analisados os filmes religiosos que circulavam na escola.

4.2.2.1 O teatrinho do Dia das Crianças

A proposta da escola era ter um dia especial para comemorar o Dia das Crianças. No planejamento, estavam previstos filme no telão, lanche e a apresentação de "teatrinho" no pátio coberto. Depois de assistirem ao filme (da Turma da Mônica), as crianças lancharam e foram para o pátio. Sentaram-se no chão para assistirem ao "teatro", que se caracterizou como uma apresentação de uma dramatização, organizada por pessoas ligadas à Igreja Batista, a convite de professoras que frequentavam a referida igreja. O teatro consistia na alternância de falas e músicas de temática religiosa. A encenação era feita por duas mulheres, uma delas caracterizada de criança, com prendedores de cabelo coloridos, e a outra, de lavadeira, com lenço na cabeça, avental e balde. Elas faziam perguntas às crianças à espera de respostas predeterminadas, na tentativa de estabelecer um diálogo. As crianças ora ficavam atentas, ora dispersas. No momento das falas, a maioria delas conversava. Elas mexiam umas com as outras, olhavam desatentas, mas, no momento das músicas, participavam empolgadas, cantavam e dançavam.

O "teatrinho" era compreendido pelos adultos como espetáculo. Porém, conforme Desgranges (1998), o espetáculo teatral envolve dois eixos: a obra e o espectador. A obra teatral tem como ponto central a narrativa. E o espectador exerce o papel de contemplador, em um movimento que se aproxima da obra, vivenciando-a, e, em seguida, afasta-se dela e reflete sobre ela, compreendendo-a. O espectador dialoga com a obra ao partilhar sentimentos e emoções a partir do fato narrado. O "teatrinho" tratava-se de uma sequência de músicas costuradas por falas dogmáticas e, em alguns momentos, desconexas — tudo bastante distinto do que seria, de fato, uma apresentação teatral propriamente dita, como pode ser observado na anotação a seguir:

> Uma das atrizes, que interpretava a lavadeira, retirava, com ar de suspense, peças de roupa de um balde e perguntava para a plateia de crianças o que significavam as suas cores:
> — Biquíni amarelo para botar no peito!? Amarelo representa?
> — pergunta a lavadeira com ar de surpresa, enquanto as crianças olhavam atentas. Em seguida, caíam todos na gargalhada.
> — O sol! — diz uma das crianças empolgadas.
> — Representa o céu! — diz a lavadeira, em tom de desapontamento.
> — É azul!? — diz outra criança questionando.
> — O céu azul é amarelo... Deus criou ruas de ouro... E qual a cor do ouro? — pergunta a lavadeira tentando contornar a situação.

— Amarelo!! — as crianças respondem, numa só voz.
E a lavadeira continua, retirando outra peça de roupa:
— Preto?! É uma sunga preta? E o preto? — pergunta novamente a atriz, com ar de brincadeira
— Luz apagada! — respondeu uma criança, com naturalidade.
— Coisa que não entra no céu! — outra criança responde.
— Criança malcriada, pecado! Tudo que deixa o coração de Deus triste. Palavrão! — diz a atriz com ar de tristeza e ironia. (Diário de Campo, 13/10/2010).

As intenções de doutrinação da lavadeira eram tão "engessadas" que não permitiram o diálogo com as falas das crianças. Embora dispersas pela falta de uma narrativa que as envolvesse de fato numa história, algumas crianças dialogavam, em descompasso, com o adulto-personagem, que, incapaz de ouvi-las, não legitimava sua autoria. As vozes das crianças eram abafadas pelas do adulto, um espectador encarado não como contemplador ativo, mas sim como receptáculo da doutrinação, travestida de teatro. O evento revela a incongruência entre o mundo adulto e o infantil. Emergiram interpretações das crianças a respeito das palavras do adulto, contrárias às por ele esperadas, imbuído de difundir sua profissão de fé e arrebanhar os cordeirinhos. Nesse evento, as crianças foram silenciadas e não tiveram a oportunidade de conhecer a linguagem teatral.

Os adultos envolvidos no "teatrinho" pareciam acreditar que todas as crianças compartilhavam da religião deles, até mesmo dos símbolos religiosos. As perguntas direcionadas às crianças, com respostas predeterminadas, pareciam buscar eco nas vozes infantis, o que não acontecia. Os adultos usavam como referência os símbolos religiosos do cristianismo, mais especificamente os difundidos entre os evangélicos. As crianças, diante da apresentação, buscavam referências em suas experiências infantis, muito ligadas ao seu cotidiano, quando questionadas a respeito da simbologia utilizada. A total desarmonia entre perguntas e respostas parecia não incomodar muito os adultos envolvidos, pois o que estava em questão era a difusão de uma simbologia religiosa para sujeitos vistos como *tábulas rasas*.

Outro ponto importante eram as músicas apresentadas no desenrolar do "teatrinho". Tinham o ritmo rápido e vinham acompanhadas por gestos; cada música tinha a sua coreografia. As crianças eram convidadas a cantar e a dançar. As músicas eram antecipadas pelas falas dos personagens, que procuravam costurar a sequência musical. A letra das músicas girava em torno de preceitos e dogmas religiosos, como mostra o episódio a seguir:

> A atriz que interpretava a lavadeira mostra para a atriz vestida de criança:
> — Sou um soldado. Tenho uma espada e ela não machuca ninguém — A lavadeira mostra a Bíblia.
> — É uma Bíblia!!! — responde a outra atriz.
> — Na Bíblia tem todas as coisas. A Bíblia é a arma do soldado. A gente fica mais forte! Quem quer ser soldado de Cristo? — pergunta a lavadeira.
> — Eu!!!!! — respondem, aos berros, as crianças, animadas.
> A atriz vestida de criança convida as crianças a cantarem e marcharem com ela:
> "Mesmo que eu não marche na cavalaria,
> nem na infantaria, nem na artilharia, nem aviador seja eu
> Soldado de Cristo eu sou! (2x)" (Diário de Campo, 13/10/2010).

As atrizes têm a intenção de propagar os dogmas por meio das músicas. O ritmo agitado, as coreografias e a oferta de vivenciar um personagem envolvem as crianças. Elas fazem uso do faz de conta para entreter as crianças, ao oferecer a possibilidade de ser um soldado, com direito a espada e a marchar pelo pátio. No entanto, tanto a marcha como a espada têm um significado religioso para os adultos que encenam os personagens. A estratégia do pseudoteatro era convencer as crianças a fazerem parte do exército de Cristo.

As crianças aceitavam sem pestanejar. O momento das canções era a oportunidade para que elas pudessem mexer-se e olhar-se durante a apresentação. Elas pareciam aproveitar esse momento de forma intensa, pois cantavam as músicas aos berros e batiam os pés no chão com força. Isso sem falar no fato de que vivenciavam o personagem proposto pelas atrizes, o soldado. Para elas, ser um soldado era uma grande brincadeira de faz de conta, significava representar um personagem do mundo imaginário. Alistar-se no exército divino significava uma grande brincadeira, em que cada criança era um soldado, que aproveitava ao máximo para movimentar-se; ao contrário dos adultos, que permaneciam compenetrados ao verem nelas um exército de Cristo.

4.2.2.2 *Quem vai orar?!*: as orações em sala de aula

Durante a estada no campo, foi observada a realização de orações pelas professoras com as crianças. As orações eram conduzidas pelas professoras regentes de turmas e giravam em torno da temática de agradecimento a

Deus. Eram realizadas pelos mais diversos motivos. Variavam de acordo com o momento da rotina ou ocorriam em função de acontecimentos imprevistos. Para Bakhtin (2006), a modelagem dos enunciados ocorre na presença de formas relativamente estáveis da comunicação humana, na vida cotidiana, e é fixada pelos modos de vida e pelas circunstâncias. Assim, o gênero oração, que dispõe de um repertório específico, tinha seus enunciados organizados de acordo com as circunstâncias e com os objetivos evidenciados pela professora.

A professora da turma observada iniciava as atividades do dia com orações de agradecimento a Deus. Foi relatado por ela, em conversa informal, que as orações eram realizadas antes de dar início às atividades por uma das crianças, escolhida por ela. O critério era o bom comportamento, isto é, a mais comportada orava. Afirmou que a oração fazia parte da rotina da turma, ou seja, independentemente do motivo, era realizada a prece de agradecimento a Deus, fosse pelo dia que se iniciava, fosse pela superação de algo que ocorria fora da rotina, como pode ser visto a seguir.

> Logo depois que a professora entra em sala, a secretária da escola pede para que ela mude o carro de lugar. Ao retornar, diz:
> — Hoje nós vamos agradecer a Deus, porque tivemos um imprevisto.[31] — completa, aliviada: — Mas deu tudo certo. Quem vai orar? — Antes que houvesse resposta, ela sugere: — João?![32] — O menino fica em silêncio. A professora inicia a oração:
> — Senhor Deus! — fala com a intenção de a turma repetir: — Quem quiser pode repetir. — O silêncio continua. A professora tenta novamente que as crianças a acompanhem: — Vocês querem agradecer pelo quê? — algumas crianças conversam aos sussurros. A professora ouve e diz, em tom de repreensão: — Paulo?! Pedro?! Silêncio! — A professora da outra turma interrompe. As duas professoras começam a conversar, e a oração é deixada para outro momento (Diário de Campo, 15/6/2011).

O fragmento traz à tona o discurso autoritário e monológico endereçado às crianças. A professora referia-se a um imprevisto que havia acontecido com ela e que as crianças desconheciam. A temática e o motivo da oração destituíam as crianças de autoria. A professora buscava que as

---

[31] Eram considerados imprevistos os acontecimentos que atrasassem o início da aula, como, por exemplo, a necessidade de mudar o carro de lugar por estar estacionado em lugar indevido.

[32] Por motivos éticos, todos os nomes usados são fictícios.

crianças repetissem a oração por ela proferida, de maneira individual ou coletiva. O tom enunciativo e a rapidez com a qual a professora proferia a questão não permitia que as crianças lhe respondessem. Tomava para si a palavra e, ao mesmo tempo que parecia abrir espaço para a réplica das crianças, a professora as silenciava, o que é próprio do discurso autoritário. A tutela e o silenciamento das vozes infantis evidenciaram a imposição de uma prática religiosa e da aceitação do discurso adulto. A contrapalavra das crianças traduziu-se no silêncio, na recusa por repetir a oração e no burburinho. Nos não ditos e nos subentendidos, estava o discurso das crianças. Mostravam a compreensão de que o discurso da professora não requeria uma resposta ativa, e, sim, uma resposta passiva de quem se submete à posição hierárquica de dominado. As vozes caladas das crianças revelam a condição de quem está no lugar de submissão.

Também fazia parte da rotina a oração de agradecimento pelas refeições, que era conduzida pela professora, antes das refeições. A oração era uma espécie de música, com alguns versos cantados e outros recitados, acompanhada por gestos. A oração antes das refeições também costumava ser proferida pela professora e repetida pelas crianças:

> As crianças foram conduzidas pela professora da turma antes da refeição:
> Bater palmas!
> Esticar um braço para o lado, o outro para outro.
> Cinco dedinhos nesta mão, cinco dedinhos na outra.
> Vou juntar as minhas mãos para fazer a oração.
> Papai do Céu, muito obrigado pela comidinha. Hora sagrada!
> (Diário de Campo, 25/10/2010).

As acentuações dadas pela professora, ao musicar a oração, permitiam um entrelaçamento ou uma hibridização entre o gênero oração e o gênero cantiga infantil — uma estratégia bastante usada pelos adultos para direcionar o comportamento das crianças.

Ao considerar que *todo enunciado é um elo da comunicação discursiva* (BAKHTIN, 2006, p. 289, grifo do autor), entende-se que o falante, ao exercer sua posição ativa dentro de uma esfera, procura optar por gêneros discursivos que deem visibilidade às suas ideias e que permitam dar maior relevância a dados objetos e sentidos. A prece antes das refeições buscava, mais do que agradecer, trazer também a disciplinarização e a subordinação das crianças aos preceitos religiosos. A refeição era mais um momento em que a professora podia ensinar religião e doutrinar as crianças, de forma que o direito à refeição paga pelo governo tornava-se uma bênção ou dádiva divina.

A professora cantava em um tom de voz calmo e com boa dicção, para a compreensão de todas as palavras pelas crianças. A entonação enunciativa ressaltava a intenção de doutrinar a turma. No auditório social da instituição, crianças, seus responsáveis e professores encaravam com naturalidade as orações, como parte das práticas escolares.

4.2.2.3 *Não faz isso, Deus não gosta!*: as reprimendas de cunho religioso

As observações do campo também evidenciaram o discurso do bom comportamento que circulava interpenetrado pelo religioso. Esse amálgama discursivo costumava ser enunciado com a finalidade de disciplinarização e docilização dos corpos. A professora repreendia as crianças diante de situações em que falavam, levantavam-se sem ser solicitadas ou mexiam-se durante as explicações, quer fosse para se coçar ou para cutucar o colega. Enfim, eram exigidos das crianças o silêncio e a quietude dos corpos.

Para Foucault (1987), a disciplina e o controle minucioso das operações do corpo, com uma determinada utilidade, visam a uma relação que torna o sujeito, ao mesmo tempo, obediente e útil. Trata-se do domínio do corpo do outro para ações como se quer que ele realize e com as tecnologias próprias para a fabricação de corpos submissos, corpos dóceis. O autor demostra, em *Vigiar e punir*, que um dos espaços em que a disciplina ocupa um lugar privilegiado é a escola. No caso dessa instituição estudada, entre os instrumentos disciplinares usados, estava o da vigilância divina, em que Deus estava atento a todos os detalhes do comportamento e do pensamento daquelas crianças que ali estavam.

Imbuída desse espírito, de usar a religião como artifício disciplinar, a professora repreendia as crianças em diferentes situações, conforme mostra o episódio a seguir.

> Enquanto a turma espera pela comida, duas crianças se desentendem. Em meio a empurrões e xingamentos, a professora diz, com firmeza:
> — Não faz isso! Deus não gosta! (Diário de Campo, 10/6/2011).

De acordo com a perspectiva bakhtiniana, as enunciações são produzidas a partir das intencionalidades e do contexto enunciativo. A partir da articulação de tal perspectiva, que se soma às ideias de Foucault, pode-se dizer que a professora apropriava-se dos conteúdos e das entonações típicos da pregação das religiões evangélicas para repreender as crianças, retomar o controle e manter o bom comportamento. Os enunciados eram organizados e determinados como um dispositivo de poder e controle, no intuito de disciplinar os corpos e as mentes daquelas crianças.

O mesmo acontecia com as reprimendas em forma de canções, como pode ser visto na situação descrita a seguir.

> A professora vê uma das crianças batucar no assento na cadeira durante a atividade; em seguida, dirige-se até ela e diz: — Você quer quebrar a cadeira? — Respira fundo e prossegue: — Vamos jogar a maldade fora? — fala para a criança, que a olhava assustada. — Quer quebrar o material da escola?! — Respira fundo novamente. — Então vamos: enrola, enrola. Joga a maldade fora — interrompe e acrescenta: — Três vezes! Canta a primeira vez acompanhada de uma ou duas crianças. Depois, pede que todas as crianças cantem, e elas obedecem. (Diário de Campo, 17/8/2011).

De acordo com Bakhtin (2006), o tema pode ser expresso, também, pela entonação. As palavras não abrangem somente o tema e a significação, elas são dotadas de valor apreciativo, que é identificado pela entonação expressiva. Com base nisso, pode-se dizer que as palavras da professora não apresentam nenhuma ligação com a religião, mas seus enunciados estavam embebidos de uma expressividade típica de rituais religiosos que buscam expulsar aquilo que é tido como ruim, suas palavras estavam repletas do sentido religioso.

Outro ponto importante era o sentido atribuído à enunciação, no contexto enunciativo descrito. Frente ao quadro de transgressão das regras de bom comportamento, a enunciação ganha o sentido de retomada à obediência das regras de conduta, estabelecidas de acordo com a disciplina da escola. Os movimentos gestuais, realizados de maneira mecânica, em que o mais importante era o resultado do que o processo, caracterizam a coerção e o controle dos corpos (FOUCAULT, 1995). A professora, ao comandar os gestos com finalidade de jogar a maldade fora, exerce a coerção sobre os corpos infantis e uma manipulação sobre os seus comportamentos. A enunciação discursiva, como um todo, na sua expressão verbal e extraverbal, traz a apropriação do discurso religioso em seus diferentes aspectos, em prol da submissão e do controle das crianças pelo bom comportamento.

Ao compreender o discurso como um fenômeno bifacial que exige a presença de um locutor e de um ouvinte, podemos nos perguntar: qual era então a face das crianças? A resposta a essa questão podia ser vista na reação corporal, no gesto, no acento apreciativo delas. Na primeira enunciação descrita, as crianças atenderam prontamente à reprimenda da professora. Elas se soltaram e voltaram a ficar em fila, o que mostra a compreensão da reprimenda, provavelmente, ligada ao cumprimento das regras, mas sob o temor da penalidade divina. Na segunda enunciação descrita, as crianças sentem-se coagidas a cantar e a fazer os gestos, como revelam o silêncio da maioria delas e o olhar assustado da criança.

4.2.2.4 *Quem fez a chuva foi Deus!*: o discurso religioso nas atividades

> A proposta da escola era trabalhar o meio ambiente. A professora iniciou a atividade com a leitura de uma história sobre a criação do mundo e, em seguida, perguntou para a turma:
> — Quem fez a água?
> — Deus! — responde a turma.
> — E o tênis?
> — Jesus — responde uma das crianças, desatenta. A professora finge não ouvir.
> — O homem — respondem as outras crianças.
> [...]
> — E a chuva?
> — Deus! — gritam as crianças.
> A professora continua perguntando quem fez objetos e elementos da natureza (Diário de Campo, 10/6/2011).

A proposta escolar divergia da prática em sala de atividades. A proposta pedagógica era desenvolver com as crianças questões relacionadas ao meio ambiente, conforme constava no planejamento e foi informado pela professora. No entanto, as observações em sala mostraram a leitura de histórias da criação do mundo, na perspectiva judaico-cristã, e o levantamento de questões relacionadas a seus dogmas. Duas esferas interpenetravam-se novamente: a esfera escolar e a religiosa. A enunciação era organizada de acordo com a construção composicional e o estilo do gênero aula, mas os conteúdos apresentados eram de temática religiosa. Isso fica evidenciado nas perguntas feitas pela professora a respeito do autor da criação de diferentes elementos, sejam eles da natureza ou não. A professora aproveitou-se da temática prevista no planejamento para ensinar conteúdos religiosos, em vez dos pedagógicos de cunho científico. Usa do gênero aula, próprio da esfera escolar, para transmitir os dogmas da religião por ela professada, além de privar as crianças de terem acesso aos conhecimentos científicos.

Entretanto, esse não foi o único episódio em que os conteúdos pedagógicos escolares foram esquecidos. Até nas aulas cujo conteúdo aparentemente não permitia abordagens religiosas, ela se fazia presente, como pode ser visto a seguir:

> Durante a leitura da biografia de Portinari para as crianças, a professora dava ênfase nas palavras ligadas à religião.
> — Portinari pintava igrejas — a professora enfatiza a última palavra e as seguintes: — O céu, os anjos.
> — Papai do Céu — diz uma das crianças tentando participar, já que nos trechos anteriores foi solicitada a participação da turma. (Diário de Campo, 15/8/2011).

Nos enunciados descritos anteriormente, as entonações davam ênfase às palavras: igreja, céu e anjos. A entonação evidenciou valores ideológicos da professora durante a enunciação do gênero biografia. A ênfase dada trazia uma valorização da igreja, local pintado por Portinari, e da temática por ele pintada. O valor deslocava-se da biografia para o tema religioso. Quando a criança fala *Papai do Céu*, continua no fluxo de comunicação enunciado pela professora.

Foi observado que a professora mencionava, na frente da turma, as suas expectativas e preferências pelas crianças cristãs, especialmente as evangélicas. Outro ponto foram os elogios e a atenção dada às crianças que faziam menção a Deus e à participação em igrejas. Para entrar no jogo, mencionavam-se as palavras de valor ideológico no campo estudado. As crianças modelavam seus enunciados em sintonia com o que era pedido pelas circunstâncias.

As observações do campo também revelaram que os discursos religiosos, nas atividades escolares, iam para além das falas da professora. As professoras das turmas de 5 e 6 anos costumavam exibir para as crianças filmes,[33] entre eles, os de temática religiosa. Eram exibidas histórias de personagens bíblicos, como *Daniel na cova dos leões*, ou de fundo religioso, com personagens cristãos que costumam orar e ir à igreja, como foi o caso de *Os vegetais*. Ambos os tipos de filmes eram produções voltadas para o público infantil, e estavam, de alguma maneira, ligados à temática pedagógica trabalhada com as crianças, tal como a exibição do filme *Príncipe do Egito*, na Páscoa. Os discursos religiosos também estavam inscritos no espaço escolar por meio dos materiais postos à disposição das crianças.

---

[33] Vale lembrar que os filmes e os livros religiosos não serão aqui analisados.

Entre os livros do cantinho da leitura, havia os de temática bíblica, como a coleção de personagens da Bíblia, em que se incluíam histórias como as de Jesus, José e Daniel.

O mesmo aconteceu na festividade de encerramento do primeiro semestre. A intenção da direção, de professores e estimuladoras era realizar uma grande festa literária para as crianças e suas famílias. A programação contava com contadores de histórias, atividades de pinturas de rosto, brincadeiras com histórias cantadas, teatro encenado pelas professoras. Entre os espaços organizados para a realização da programação, estava o cantinho da leitura. Nele, foram colocados à disposição das crianças livros diversos, entre os quais se destacavam, pela quantidade e pela variedade, os de temática bíblica. Havia histórias dos mais diversos personagens bíblicos, publicadas por diferentes editoras, e livros próprios para faixas etárias variadas, como livros pequenos e de papel plastificado e duro, próprios para crianças de até 2 anos. Além disso, foi realizada, no final da festividade, uma oração com todos os presentes.

4.2.3 Os discursos religiosos entre as crianças

Os enunciados com conteúdos religiosos estavam presentes nas interações infantis. Apareciam em conversas, brincadeiras, desentendimentos das crianças entre si. Esses momentos ocorriam nos intervalos da rotina, entre uma atividade e outra, na entrada, durante o café da manhã, na saída, enquanto aguardavam o responsável, e no pátio. As interações entre as crianças eram observadas nas brechas da tutela do adulto. Contudo, pôde ser visto que as crianças, em diferentes momentos e situações, traziam, em suas falas, enunciados religiosos, numa apropriação da palavra do outro em circulação na ideologia do cotidiano.

4.2.3.1 *Tá errado, Jesus não gosta*: a apropriação do discurso religioso adulto pelas crianças

> Após o café, conversávamos sobre uma das crianças, João,[34] ter chamado as outras de cocô e/ou xixi, com intenção de ofendê-las. Algumas crianças colocaram suas opiniões e outras não. No desenrolar da conversa, uma das crianças disse, categórica:

---

[34] Todos os nomes usados são fictícios, por questões éticas.

— Não gosto! Tá errado.
— Por quê? — Jordanna.
— Jesus não gosta — responde a criança em tom explicativo.
— Por que Jesus não gosta? — indaguei, tentando entender um pouco melhor.
— Porque não é de Deus. Deus não gosta disso — a criança diz, como se não quisesse mais falar sobre o assunto, e fica em silêncio.
Enquanto ela falava, outra criança faz um sinal como se quisesse falar, mas, poucos segundos depois, abaixa a cabeça e faz um sinal, como se tivesse mudado de ideia. Logo em seguida, diz, pensativo:
— João não pode falar nada (refere-se às palavras ditas no sentido de ofensa). Ele é de Deus — encerra, com tom de seriedade.
— Ele é de Deus!? O que é ser de Deus? — questiono.
— Ele é de Deus — a criança explica sem dar a possibilidade de mais questionamentos. (Diário de Campo, 28/4/2011).

A situação descrita será analisada à luz da socialização da infância, na perspectiva de reconhecimento da importância da atividade coletiva e conjunta, na qual as crianças negociam, compartilham e criam cultura, com os adultos e entre si (CORSARO, 2011). Para isso, será usado o conceito de "reprodução interpretativa", de Willian Corsaro. Segundo ele (2009), a reprodução interpretativa consiste na apropriação das informações do mundo adulto pelas crianças, a fim de atender aos seus interesses — e, à medida que elas afetam, também são afetadas pelas sociedades e culturas das quais fazem parte. Nas palavras do autor,

> [...] o termo interpretativa captura os aspectos inovadores da participação das crianças na sociedade, indicando o fato de que as crianças criam e participam das culturas de pares singulares por meio da apropriação de informações do mundo adulto de forma a atender aos seus interesses próprios enquanto crianças. O termo reprodução significa que as crianças não apenas internalizam a cultura, mas contribuem ativamente para a produção e a mudança cultural. Significa que as crianças são circunscritas pela produção cultural. (CORSARO, 2009, p. 31, grifo meu).

As crianças mostram apropriar-se do discurso religioso adulto. No espaço escolar, campo da pesquisa, foi observado o uso de falas em que a obediência estaria atrelada à aceitação divina. Caso as crianças não obedecessem às regras estabelecidas pelos adultos ou não correspondessem às expectativas deles com relação ao comportamento, sofriam ameaças de serem castigadas por Deus e até mesmo rejeitadas. Tais enunciados eram apropriados pelas crianças, como se, para agradar a Deus, fosse necessário ter bom comportamento e seguir as regras dos adultos. Aqueles que as infringissem não agradavam a Deus e seriam castigados.

As crianças apropriaram-se desse discurso como uma forma de criticar a postura do colega — identificado como cristão protestante — e cobrar dele o comportamento esperado pelo grupo e pelos adultos. Ser de Deus pode ser interpretado como seguir as regras estabelecidas pelos adultos, correspondendo, assim, às expectativas de bom comportamento e obediência, e, também, reproduzidas pelas crianças entre si.

Em pouca palavras, na situação descrita o menino que teve "mau" comportamento estava entre os adeptos do credo cristão evangélico. Logo, para ele, descumprir as regras estabelecidas e não agir conforme o esperado era entendido como ofender a Deus, por desobediência a um princípio que se conhece.

4.2.3.2 Escola não é igreja

> Leo e Júlio brincam, entre uma atividade e outra. Júlio propõe a brincadeira, escolhendo o personagem vivenciado por ele:
> — Eu vou ser o pastor!
> — Não! Aqui não é igreja — responde Leo.
> — Eu vou de blusa vermelha — diz Júlio, rindo sem se importar com o que foi dito pelo colega.
> — Qual o nome do seu pastor? — pergunta Leo, rindo.
> — Sei lá!
> A professora pede a atenção das crianças (Diário de Campo, 3/3/2011).

No episódio anterior, as crianças realizam a reprodução interpretativa na cultura de pares. Corsaro (2009) define a cultura de pares como o conjunto estável de atividades ou rotinas, artefatos, valores e interesses que as crianças produzem e compartilham, nas interações com seus pares. Essa cultura não se restringe apenas à imitação ou à apropriação do mundo adulto, "[...] elas apreendem criativamente informações do mundo adulto para produzir suas culturas próprias e singulares" (p. 31). As crianças transformam as informações do mundo adulto a fim de solucionar questões do mundo infantil. Tudo isso pode ser observado no desenrolar da brincadeira, nas falas de Júlio e Leo.

A enunciação inicial de Júlio revela mais do que o desejo de viver o personagem do pastor; evidencia que o menino frequentava a igreja evangélica, conforme o que foi observado na escola campo da pesquisa: a criança, ao brincar, apropria-se da realidade em que está inserida, ou seja, o seu repertório de brincadeiras está intimamente ligado às suas vivências e experiências, de acordo com Benjamin (1993). Logo, a enunciação inicial e a escolha do personagem estão sintonizadas. Segundo Brougère (2004), na brincadeira, a criança que a anuncia é quem a comanda, decide o que será vivenciado pelas outras e quais serão as regras, negociadas ou desenvolvidas aos poucos, em forma de roteiro.

Para Corsaro (2009), a imitação de modelos adultos implica a apropriação e o enriquecimento deles pelas crianças, no intuito de atender aos seus próprios interesses, os quais se referem primeiramente a *status*, poder e controle. Assim, Júlio buscou, em suas experiências infantis na esfera religiosa, um personagem social adequado ao papel de comando a ser vivenciado por ele. A escolha de vivenciar um adulto reforçava sua posição de liderança na brincadeira. A opção pelo personagem adulto que ocupava um lugar hierárquico de prestígio, na esfera da igreja evangélica (pastor), legitimava duplamente o comando da brincadeira.

Assim, o que revela o enunciado responsivo de Leo? Para Brougère (2004), na brincadeira, as ações não devem ser consideradas em sentido literal, pois nela se faz de conta. É uma atividade diferenciada das comuns (ligadas à realidade) e aproxima-se mais do teatro, da ficção, do humor e de outras atividades relacionadas ao imaginário. Prova disso é a passagem pitoresca do imaginário para o real, desconstrução do que foi imaginado. O universo construído só pode ser resultado de uma decisão de quem brinca, sem imposições diante da brincadeira. Ele só existe se quem brinca continuar a tomar decisões. Diante disso, pode-se notar que Leo, ao enunciar *"Não! Aqui não é igreja"*, manifesta sua insatisfação com a possibilidade de o colega vivenciar o pastor na brincadeira e decide não brincar. A primeira interpretação para tal comportamento está fundamentada no fato de que também ele compartilha da esfera religiosa e compreende os significados da opção do colega, de maneira que, talvez, também quisesse ser o pastor. Já na segunda, o menino não quer mais brincar porque o outro quer trazer para a narrativa imaginária elementos do real, desconstruindo, assim, o que era apenas para ser uma brincadeira.

Entretanto, a brincadeira só terminou quando a professora pediu a atenção da turma. Uma possível explicação é que "[...] toda a força e limite da brincadeira estão na ação performativa" (BROUGÈRE, 2004, p. 257). Júlio ignora as palavras de seu interlocutor e prossegue a brincadeira. Continua a *performance* de pastor, ao dizer a cor da camisa que vestiria o personagem vivenciado por ele. Leo, por outro lado, após a reação inicial, muda de ideia e embarca na brincadeira proposta pelo colega.

4.2.3.3 *Não somos da Igreja*: os efeitos colaterais do discurso religioso para as crianças

> Enquanto aguardavam os responsáveis para irem embora, duas crianças não evangélicas conversavam sobre um convite distribuído pela professora para a turma. O convite era para uma programação para crianças e adultos promovida pela Igreja Batista, da qual faz parte uma das professoras da escola. É importante mencionar que o mesmo foi distribuído aos responsáveis na saída.
> — A gente vai? — Joana pergunta se referindo ao evento mencionado no convite.
> — Não! — Lucas responde. — Não vão levar a gente.
> — Vão, sim! — diz Joana esperançosa.
> — Não somos da igreja! — explica Lucas.
> — É tudo de graça — argumenta a menina.
> O responsável chega, e os dois vão embora. A inspetora cumpre o pedido feito pela professora e entrega um convite ao responsável das duas crianças. (Diário de Campo, 19/8/2011).

Foi observada a divulgação de convites de eventos religiosos evangélicos, na escola, para as crianças. O conteúdo desses impressos girava em torno da exposição das atrações que haveria nos eventos religiosos, como cama elástica, palhaço, lanche, contação de histórias bíblicas, e do apelo para a participação em função da gratuidade. Os convites costumavam ser fixados nas agendas e lidos para as crianças pela professora da turma, que dava ênfase às atrações infantis, o que despertava nas crianças o desejo de participar. Além disso, ela deixava implícita, em suas falas, a valorização das atividades promovidas pela igreja.

As crianças que não circulavam pela esfera religiosa cristã sentiam-se excluídas. A professora, em suas falas, mostrava preferência pelas crianças que correspondiam às suas expectativas de obediência e bom comportamento e que eram adeptas das religiões cristãs, em especial evangélicas. Isso podia ser percebido pelas crianças, sobretudo pelas não cristãs. Essas não compartilhavam de princípios e concepções religiosos constantemente enunciados pela professora nem se reconheciam neles. Diante disso, como sentir-se parte do grupo, já que o bom comportamento e a obediência não eram suficientes? Na tentativa de se sentirem aceitas, procuravam participar dos eventos promovidos pela igreja[35] ou demonstrar interesse por eles. Isso pode ser visto na cena descrita anteriormente, em que Joana e Lucas não eram adeptos do cristianismo. Durante a estada no campo, notei que Joana sempre procurava corresponder às expectativas da professora, e, portanto, ir ao evento da igreja poderia significar, além do desejo de participar das atividades oferecidas, mais uma oportunidade para corresponder. No entanto, ambas as crianças tinham clareza de que não pertenciam à fé proferida no espaço escolar, conforme mostram as falas de Lucas. As duas crianças sentiam-se discriminadas por não compartilharem da esfera religiosa evangélica, valorizada pela professora, no espaço escolar, e frequentada por muitos de seus colegas.

4.3 Temas, gêneros, contextos enunciativos

Durante a estada no campo, foi observado que temas, gêneros e contextos enunciativos repetiam-se. A partir de tal observação, em consonância com a definição denotativa de "padrão", isto é, aquilo que serve de norma, pode-se dizer que as repetições estabeleciam padrões enunciativos. No entanto, as repetições presentes nas enunciações proferidas pelos adultos eram distintas daquelas proferidas pelas crianças. Os padrões estabelecidos, nos discursos enunciados pelas crianças e pelos adultos, apresentavam variações entre gênero, tema, contexto, estavam inter-relacionados e ocorriam de maneira não linear. Para tratar sobre os padrões de gênero, tema e contexto presentes nas enunciações dos adultos e das crianças, será necessário, primeiro, tratar de cada uma delas separadamente. Nesse sentido, comecemos, então, pelas infantis.

Os discursos religiosos enunciados pelas crianças entre si costumavam ocorrer por meio do gênero conversa. Essas aconteciam durante os poucos momentos livres das crianças, no horário das refeições, no pátio e nos intervalos da rotina, entre uma atividade e outra. A temática das conversas girava em torno de explicações e do bom comportamento. A primeira temática consistia em perguntas a respeito dos dogmas da religião professada por um dos interlocutores ou por ambos. A segunda tratava-se de diálogos entre as crianças com menção às regras de bom comportamento estabelecidas pelos adultos, inspiradas em princípios religiosos.

---

[35] É importante mencionar que as crianças desejavam participar dos eventos infantis da igreja também pelas atividades oferecidas.

As temáticas mencionadas surgiam no desenrolar das conversas das crianças, em momentos de descontração, nos quais os diálogos não eram tutelados, e os enunciados com base na religião surgiam de maneira espontânea. Apesar disso, tinham como referência os discursos religiosos adultos destinados a elas.

Os enunciados religiosos adultos costumavam materializar-se de diferentes maneiras. Foi verificada a presença dos gêneros musical, teatral, conversa, oração, reprimenda, entre outros. Muitos deles não eram típicos da esfera religiosa, mas eram apropriados pelos adultos e enunciados por eles, em seus discursos religiosos. Outros misturavam-se, ao serem enunciados diante das situações da vida escolar corrente que tinham como finalidade abordar questões remetentes à fé. Um exemplo disso pode ser visto no episódio em que a professora, para repreender as crianças, canta uma música que expressa a ideia de se jogar a maldade fora, de forma que, em tal situação, o gênero reprimenda mistura-se ao musical.

Para Rojo (2007), essa mistura deve-se aos gêneros discursivos terem como característica a flexibilidade e a heterogeneidade — ambas se dão em função de esses serem formados nas enunciações que ocorrem em situações da vida corrente, isto é, um auditório relativamente estável (BAKHTIN, 1992). Dentro dessa visão, a autora destaca que, para que isso ocorra, há um importante processo: a hibridização. Esse processo foi definido por Bakhtin (1979 *apud* ROJO, 2007), ao falar do romance, como:

> [...] o enunciado que, segundo índices gramaticais (sintáticos) e composicionais, pertence a um único falante, mas, onde na realidade, estão confundidos dois enunciados, dois modos de falar, dois estilos, duas "linguagens", duas perspectivas semânticas e axiológicas. Repetimos que entre esses enunciados, estilos, linguagens, perspectivas não há nenhuma fronteira formal, composicional e sintática: a divisão das vozes e das linguagens ocorre nos limites de um único conjunto sintático, frequentemente nos limites de uma proposição simples, frequentemente também um mesmo discurso pertence simultaneamente às duas línguas e a duas perspectivas que se cruzam numa construção híbrida, e, por conseguinte tem dois sentidos divergentes, dois tons (p. 110).

Conforme foi observado, como a escola estava localizada em área próxima a instituições religiosas, a maioria dos profissionais que trabalhavam nesse espaço de educação formalizada fazia parte de alguma delas ou eram simpatizantes a seus princípios, o que também ocorria com boa parte das famílias atendidas pela escola. Os enunciados que circulavam na escola, portanto, faziam parte, simultaneamente, da esfera escolar e da religiosa. Diferentes gêneros abordavam as mesmas temáticas.

A estrutura composicional e o estilo dos enunciados formam gêneros distintos, como musical, teatral, reprimenda. No entanto, todos esses gêneros em circulação giravam em torno, principalmente, dos seguintes temas ou intenções: bom comportamento, exaltação a Deus e conversão de fiéis. O primeiro tema era visto com maior frequência nos gêneros reprimenda, conversas, filmes e histórias. O segundo estava presente em quadros, murais, paredes e canções. O último marcava presença nas aulas, no teatro, nas orações, nos folhetos e nos gêneros mencionados anteriormente. Havia gêneros que estavam presentes em mais de um tema, e o mesmo acontecia com relação aos temas. Com base nessa constatação, pode-se afirmar que a hibridização ocorria no que se referia tanto aos gêneros quanto aos temas.

CONSIDERAÇÕES FINAIS

Com a intenção de conhecer e analisar quais os discursos religiosos que circulam em uma escola pública municipal de educação infantil do município de Duque de Caxias, Rio de Janeiro, a presente pesquisa buscou responder às seguintes questões: de que forma a presença da religião na escola estudada inscreve-se no contexto das políticas públicas? Quais são os contextos que favorecem a produção desses discursos religiosos na escola e quais as concepções de infância e de educação infantil que lhes são subjacentes? Quais funções esses discursos exercem nas interações? A quem esses discursos são endereçados? Como especialmente as crianças significam e respondem a esses discursos?

Observar, ouvir e ver os discursos religiosos enunciados por crianças e adultos; anotar e gravar os diálogos estabelecidos entre os adultos e as crianças, dos adultos entre si e das crianças; fotografar os discursos religiosos inscritos nos espaços da escola; debruçar-me sobre as falas transcritas, a fim de interpretá-las, buscando apreender os significados e os sentidos, no contexto e nas situações registradas; agrupar as falas em pequenas coleções capazes de apresentar sentido; escrever um texto dissertativo em que as vozes do campo dialogassem com as leituras acadêmicas da área, para responder às questões levantadas; enfim, todo o processo de pesquisa foi um desafio. Durante a estada no campo, tentei suspender o meu olhar de adulto, professora e de praticante religiosa para, dentro do possível, compreender a presença de discursos religiosos na escola estudada.

Quanto às questões políticas, pode-se notar que a religião faz-se presente nas instituições públicas de ensino, destinadas ao atendimento das crianças pequenas, ao longo da história da educação brasileira. A religião tem exercido forte influência sobre os conteúdos e as práticas, ao longo dos tempos. Desde as primeiras iniciativas educacionais, era comum a presença de rezas ou orações, canções e histórias de temática religiosa. Tais práticas faziam parte da proposta pedagógica das primeiras creches e pré-escolas públicas, no final do século XIX e no início do século XX. Essas propostas pedagógicas embasavam-se nas ideias de Frederic Froebel, líder religioso alemão, criador dos jardins de infância. Entre os objetivos pedagógicos que orientavam tais procedimentos, estava o de transmitir às crianças a espiritualidade e os valores morais, ambos pautados no cristianismo.

Em pleno século XXI, orações, canções e histórias de cunho religioso continuam presentes nas escolas públicas de educação infantil, mesmo diante das restrições da legislação educacional. A LDB/1996, Lei n.º 9.475/1997, no seu artigo 33, ao tratar do Ensino Religioso nas escolas públicas, determina que esse seja oferecido nessas instituições de *ensino fundamental*, com *matrícula facultativa* e *vedado de proselitismo*. A legislação educacional do município de Duque de Caxias, em consonância com LDB/1996, determina, por meio do artigo 25 do Decreto n.º 4.238/2003, o oferecimento do Ensino Religioso no *ensino fundamental de caráter facultativo*. Portanto, mesmo diante da não existência formalizada da disciplina Ensino Religioso para a educação infantil na legislação, no âmbito tanto federal quanto municipal, constatou-se a presença do ensino da religião em instituição destinada à educação de crianças pequenas, no município de Duque de Caxias. Isso vai ao encontro das ideias de Fernandes (2012), quando afirma que, mesmo que não houvesse Ensino Religioso nas escolas públicas municipais de ensino fundamental caxiense, ele se faria presente pela iniciativa da comunidade escolar. Essa afirmativa pode ser confirmada na escola estudada.

Na escola de educação infantil estudada, havia versículos e mensagens em torno da temática religiosa nos murais, nos corredores e nas paredes da sala da direção. Todas as inscrições foram feitas não apenas com o consentimento da diretora, mas produzidas a pedido dela. Os professores costumavam fazer orações, reprimendas sob ameaças divinas, exibição de filmes bíblicos etc. Os responsáveis pelas crianças apoiavam as práticas religiosas realizadas com as crianças e mostravam-se satisfeitos com as inscrições religiosas presentes na escola. Alguns chegavam a afirmar que achavam *lindos os quadros dos corredores da escola*, outros elogiavam os brindes dados como recompensa por bom comportamento às crianças, como um chaveiro em formato de Bíblia com um versículo escrito. Além disso, podiam ser vistos, no entorno da escola, símbolos religiosos nas casas, nos carros, nos estabelecimentos comerciais e, também, igrejas evangélicas. Ficava evidente que a comunidade escolar (famílias, professora, estimuladoras, cozinheiras, direção) estava imersa na religião e que concordava com os discursos religiosos que circulavam no interior da escola, apoiando-os. Era difícil dizer se a religiosidade transbordava do entorno da escola para seu interior ou vice-versa.

A análise dos registros de campo revelou que a escolha da diretora, por indicação, facilitou a intensa interpenetração da esfera religiosa na esfera escolar. A indicação foi feita por um político da localidade, a partir de critérios pouco claros, de cunho subjetivo — o que abre brechas para escolhas baseadas em usos partidários e para o atendimento de interesses locais de grupos específicos. Carismática, bem articulada com a SME e com os comerciantes locais, experiente na gestão de escolas e de trabalhos religiosos com crianças — líder de ministério infantil —, tinha facilidade em resolver os problemas cotidianos. Isso acarretou sua grande aceitação pela comunidade escolar e, em especial, pelos professores. A escolha do cargo de diretora pelo critério de indicação deixava a esfera escolar suscetível à interpenetração da esfera religiosa e, até mesmo, ao uso da esfera pública para interesses privados.

Outro ponto importante era que a diretora e a maioria dos professores e dos responsáveis professavam a religião evangélica. A diretora permitia aos professores evangélicos que distribuíssem convites e fixassem cartazes de eventos realizados pela igreja da qual faziam parte, no espaço da escola; que realizassem atividades de cunho dogmático com as crianças, como o "teatrinho" apresentado na comemoração do Dia das Crianças. Também comprava e distribuía folhetos evangelísticos para os responsáveis. A militância religiosa funcionava como elemento de coesão entre os membros da comunidade escolar.

No entanto, caso a escolha para o cargo de direção fosse por meio de eleição, com a participação de toda a comunidade escolar, critérios para a candidatura e tempo de mandato, isto é, um processo democrático e claro — conforme recomenda Kramer (2011) —, ainda assim haveria possibilidades de intensa interpenetração da esfera religiosa na esfera escolar, dado que a maior parte dos membros da comunidade escolar era religiosa e compartilhava da constante militância pelo arrebanhamento de fiéis. No entanto, a realização de eleição para o cargo de direção garantiria uma escolha mais democrática, pois haveria a possibilidade de descolamento entre as esferas religiosa e escolar e diminuiria a projeção da esfera religiosa sobre a escolar, de modo a não favorecer o uso político da instituição — um menor uso da esfera pública em função de interesses privados.

As intensas observações sobre o campo evidenciaram que os discursos religiosos faziam-se presentes em diferentes formas enunciativas. Estavam presentes nos murais, nas paredes, nas conversas, nas reprimendas, nas aulas, nos filmes, nas músicas, nas diferentes linguagens que circulavam na esfera escolar. Eram produzidos pelas professoras com três intencionalidades: modelar comportamentos, arrebanhar fiéis e transmitir moral e valores.

A justificativa, principalmente das professoras, era a necessidade de transmissão da moral cristã para as crianças e suas famílias. Tal necessidade relacionava-se às questões sociais, como: pobreza, "famílias desestruturadas", violência, tráfico e uso de drogas, "carências culturais" e toda sorte de ausências. Em suas falas, aparecia com frequência a menção de que tanto as crianças quanto suas famílias *não tinham moral, nem valores*, e, para resolver tais problemas, acreditavam, por isso, ser necessária a presença da religião. Tal como constatou Cavaliere (2006), em seus estudos a respeito do Ensino Religioso na rede pública estadual, as professoras da escola investigada também viam o ensino da religião como a "tábua de salvação" para os problemas do ensino público — como se a escola, por via da religião, pudesse resolver as mazelas sociais.

As professoras sentiam-se impotentes diante das questões sociais da escola. Algumas crianças não tinham sapatos que coubessem em seus pés para ir à escola; os pais de outras eram dependentes de drogas ilícitas, como *crack*; outras foram abandonadas pelas famílias no abrigo municipal local; outras eram vítimas de violência doméstica; bem como, ainda, havia aquelas situações em que a escola não têm condições de gerenciar. Além desses problemas, a instituição-campo da pesquisa era localizada numa comunidade às margens da Linha Vermelha, onde parte da localidade não tinha asfalto, e a maioria da população vivia em situação de pobreza. Nas proximidades, havia um pequeno comércio e igrejas evangélicas. Nelas eram realizadas oficinas de teatro, culinária, artesanato, dança, contação de histórias bíblicas; oferecidas aulas de instrumentos e canto; exibidas apresentações de corais, grupos de coreografia e atividades culturais de cunho religioso. Além de tudo isso, no contexto das igrejas protestantes, era valorizada a leitura, mesmo que de textos bíblicos. Logo, as igrejas eram tidas pela comunidade local e escolar como um espaço de acesso à cultura e de sua difusão, apesar de seus conteúdos serem religiosos e repletos de intenções de arrebanhar fiéis. Diante do contexto descrito, não era de se admirar que professoras, responsáveis, estimuladoras e diretora acreditassem que a religião fosse a única solução para os problemas que assombravam a escola.

A pesquisa evidenciou que as professoras que exercem uma posição hierárquica privilegiada na instituição procuravam modelar o comportamento das crianças e dos adultos por meio de reprimendas, canções, conversas, orações, panfletos. O credo predominante entre os profissionais da escola era o evangélico, mas também havia quem professasse o catolicismo. De acordo com Bakhtin (1995), as formas de enunciação são determinadas pelas posições hierárquicas dos interlocutores. Elas definem e modelam os comportamentos. Pode-se dizer que a hegemonia do credo evangélico no número de adeptos entre os professores, incluindo a diretora, determinou a escolha de qual seria o discurso moral coletivo que deveria orientar a todos — no caso, o discurso religioso cristão evangélico. Esse, como analisamos, não se fazia presente apenas para orientar comportamentos e atitudes das crianças, mas também para transmitir-lhes conhecimento, durante as atividades de aula. Assim, os discursos religiosos eram enunciados de diferentes formas e transportavam as enunciações típicas da esfera religiosa evangélica, parte da esfera privada ou doméstica dos indivíduos, para a esfera escolar, como foi visto nas atividades sobre o meio ambiente, nas quais a professora perguntava para as crianças quais eram as criações de Deus e as do homem.

Os discursos religiosos eram destinados aos adultos e às crianças. Os destinatários adultos eram ora os responsáveis pelas crianças, ora os funcionários da instituição. Esses discursos podiam ser divididos em dois grupos temáticos que agem em interação: um dizia respeito à difusão de um credo — militância religiosa para arrebanhar fiéis —; e o outro, a valores como bondade, solidariedade, unidade entre a comunidade escolar, respeito e amor. Os enunciados do segundo grupo temático vinham geralmente acompanhados de imagens ou de entonações típicas da esfera religiosa, como pôde ser visto na Figura 5, em que há a imagem do personagem dos quadrinhos evangélicos Mig plantando, e a seguinte legenda: "Vamos plantar coisas boas para colher coisas excelentes!". Essas imagens aparentemente expressam a ideia de que solidariedade, respeito e união são temas importantes para o convívio social, os quais independem da religião para estarem na escola.

Os discursos religiosos destinados às crianças abordavam principalmente as temáticas da disciplina e da moral. Os dois últimos temas faziam uma interface com a temática da bondade, ou seja, usava-se a bondade, o ser bom, para tratar da disciplina e da moral. Os professores buscavam, por meio da inculcação de práticas religiosas e de reprimendas, moldarem o comportamento moral das crianças.

Tal objetivo revela a concepção de infância vigente na esfera escolar estudada. De acordo com Corsaro (2010), a infância é uma construção social, edificada nas interações das crianças com atores das diferentes categorias sociais, em um determinado tempo e espaço. A partir disso, pode-se notar que os adultos viam as crianças como tábuas rasas, sobre as quais podiam imprimir qualquer coisa. Dentro dessa concepção, segundo John Locke (UJIIE, 2009), a aprendizagem fundamentava-se na lógica da imitação, da repetição, da recompensa e do castigo para que a criança pudesse deixar de ser uma folha de papel em branco. Eram ensinados a elas os preceitos morais cristãos, com o objetivo de modelá-las de acordo com o que os professores consideravam um bom comportamento, afinal, "é de pequeno que se torne o pepino".

Estava subjacente às práticas e aos discursos religiosos uma concepção de educação infantil distante do que determina a Resolução n.° 5, de 17 de dezembro de 2009, que fixa as Diretrizes Curriculares Nacionais para a educação infantil. As práticas e discursos presentes na escola campo da pesquisa circulavam entre o assistencialismo, o higienismo e a escolarização. As práticas e os discursos religiosos, em alguns momentos, objetivavam preencher as lacunas familiares pela transmissão de valores característicos da concepção assistencialista. Em outros, procurava-se moralizar as crianças, o que é próprio da concepção higienista. E, ainda, buscava-se preparar as crianças para o ensino fundamental, não apenas por meio de atividades pedagógicas, como também pela orientação de comportamentos e práticas — de cópia do quadro e com o uso de cadernos — impróprios à educação infantil e, também, ao ensino fundamental.

As crianças apropriavam-se dos discursos religiosos e os reproduziam em suas interações. Isso pode ser visto em diferentes situações entre seus pares, crianças e adultos. As crianças, entre elas, usavam os discursos religiosos em benefício próprio em momentos de disputas e desavenças. Já com os adultos, reproduziam o discurso religioso para serem aceitos ou responderem de imediato e de modo satisfatório as demandas dos adultos. As histórias de temática bíblica contadas pelos adultos eram vistas pelas crianças como imaginárias. Ao ouvi-las, embarcavam num mundo imaginário e, quando questionadas sobre elas, buscavam respostas nas suas experiências infantis — portanto, o amarelo só poderia significar o sol, e não o céu, como queria a "atriz".

Outro ponto importante são os efeitos colaterais dos discursos religiosos para as crianças. As orações, os folhetos religiosos, as reprimendas sob penalidade divina que circulam na escola, destinados a elas, são repletos de valores e princípios religiosos cristãos evangélicos. Esses são compartilhados apenas pelas crianças adeptas da fé hegemônica da esfera escolar. As crianças não cristãs pareciam não encontrar eco para suas vozes, nem se identificavam com os dogmas e valores transmitidos. Além disso, em muitas delas não havia o sentimento de pertencimento à esfera escolar que frequentavam — mal-estar agravado pela valorização, por parte da professora, das crianças que professavam o cristianismo ou circulavam nessa esfera religiosa. As crianças de outros credos sentiam-se discriminadas.

Os episódios analisados ao longo deste trabalho retratam breves lampejos da realidade em uma escola de educação infantil do município de Duque de Caxias, no Rio de Janeiro. A presença do discurso religioso na escola era encarada com naturalidade pela comunidade escolar e até mesmo pela SME-Caxias, na figura do Departamento de educação infantil, já que, nos murais, eram encontrados versículos bíblicos e frases de agradecimento a Deus que também estavam presentes nos eventos e palestras realizados pelo departamento. Evidenciou-se, também, que a religião estava entranhada na instituição investigada, como pôde ser observado pela apresentação do "teatrinho", sugerida por professoras evangélicas.

A presença do discurso religioso na instituição estudada mostrou a não laicidade da escola pública destinada às crianças da educação infantil. Há, nessa esfera, portanto, violação dos princípios democráticos da laicidade, da liberdade religiosa, da liberdade de crenças, da liberdade de consciência e de igualdade entre os cidadãos — estabelecidos pela Constituição brasileira de 1988. A circulação de único credo, o cristianismo, favorecia uma religião sobre outras, isto é, uma prática de caráter proselitista. As crianças eram desrespeitadas como cidadãs, no que diz respeito à liberdade e à diversidade religiosa. Evidenciava-se a violação de princípios e de direitos constitucionais. Esta pesquisa constatou a não laicidade da escola pública, em especial a destinada às crianças da primeira infância, reafirmando que, entre avanços e retrocessos, um dos princípios republicanos fundamentais ainda não foi consolidado.

REFERÊNCIAS

AMORIM, Marília. Temática da alteridade. *In*: AMORIM, Marília. **O pesquisador e o seu outro**: Bakhtin nas Ciências Humanas. São Paulo: Musa, 2004.

AMORIM, Marília. A contribuição de Mikhail Bakhtin: a tripla articulação ética, estética e epistemológica. *In*: FREITAS, Maria Tereza; JOBIM E SOUZA, Solange; KRAMER, Sônia (org.). **Ciências Humanas e pesquisa**. Leituras de Mikhail Bakhtin. São Paulo: Cortez, 2003.

AMORIM, Marília. Vozes e silêncios no texto de pesquisa em Ciências Humanas. **Cadernos de Pesquisa**, São Paulo, n. 116, jul. 2002.

ARENDT, Hannah. Entre o passado e o futuro. São Paulo: Perspectiva, 1990.

ANDRÉ, Maria Eliza Dalmazo. **Etnografia da prática escolar**. Campinas: Papirus, 1995.

BAKHTIN, Mikhail. **Estética da criação verbal**. São Paulo: Martins Fontes, 2006.

BAKHTIN, Mikhail. **Marxismo e filosofia da linguagem**. São Paulo: HUCITEC, 1995.

BAPTISTA, Mauro Rocha; OLIVEIRA, Fabrício Roberto Costa. Espaço da religião da religião na Educação Básica no contexto da nova BNCC. **Revista Caminhos** - Revista de Ciências da Religião, Goiânia, v. 18, p. 61-78, fev. 2021. ISSN 1983-778X. Disponível em: <http://seer.pucgoias.edu.br/index.php/caminhos/article/view/8312>. Acesso em: 06 set. 2022. doi:http://dx.doi.org/10.18224/cam.v18i5.8312.

BARBOSA, Maria Carmen Silveira. O processo de institucionalização da infância. *In*: BARBOSA, Maria Carmen Silveira. **Por amor e por força**: rotinas na educação infantil. Porto Alegre: Artmed, 2006.

BECKER, Howard S. Conceitos. *In*: BECKER, Howard S. **Segredos e truques da pesquisa**. Rio de Janeiro: Zahar, 2007.

BENJAMIN, Walter. **Passagens**. Belo Horizonte: Editora da UFMG/ Imprensa Oficial, 2006.

BENJAMIN, Walter. Sobre história. *In*: BENJAMIN, Walter. **Magia e técnica, arte e política**: ensaios sobre literatura e história da cultura. São Paulo: Brasiliense, 1994a. (Obras escolhidas, v. 1).

BENJAMIN, Walter. O narrador: considerações sobre a obra de Nicolau Leskov. *In*: BENJAMIN, Walter. **Magia e técnica, arte e política**: ensaios sobre literatura e história da cultura. São Paulo: Brasiliense, 1994b. (Obras escolhidas, volume 1).

BENJAMIN, Walter. **Obras escolhidas II**: rua de mão única. São Paulo: Brasiliense, 1993.

BRANCO, Jordanna C.; CORSINO, Patrícia. O ensino religioso na educação infantil de duas escolas públicas do município do Rio de Janeiro: o que as práticas revelam? **Revista Contemporânea de Educação**, Rio de Janeiro, v. 2, dez./jan. 2006.

BRANCO, Jordanna C.; CORSINO, Patrícia. O Ensino Religioso em turmas de educação infantil em escolas públicas da cidade do Rio de Janeiro: algumas questões. *In*: CONGRESSO IBERO-AMERICANO DE EDUCAÇÃO, Buenos Aires, set. 2010. **Anais** [...]. Buenos Aires, 2010.

BROUGÈRE, Gilles. Usos, costumes e brincadeiras da infância. *In*: BROUGÈRE, Gilles. **Brinquedos e companhia**. São Paulo: Cortez, 2004.

CAVALIERE, Ana; CUNHA, Luiz Antônio. O ensino religioso nas escolas públicas brasileiras: formação de modelos hegemônicos. *In*: PAIXÃO, Lea; ZAGO, Nadir (org.). **Sociologia da Educação**: pesquisa da realidade brasileira. Petrópolis: Vozes, 2007.

CAVALIERE, Ana Maria. Quando o Estado pede socorro à religião. **Revista Contemporânea de Educação**, Rio de Janeiro, v. 2, dez./jan. 2006.

CORSARO, William. O estudo sociológico da infância. *In*: CORSARO, William. **Sociologia da infância**. Porto Alegre: Artmed, 2011.

CORSARO, William. Reprodução interpretativa e cultura de pares. *In*: MULLER, Fernanda; CARVALHO, Ana Maria Almeida (org.). **Teoria e prática na pesquisa com crianças**: diálogos com William Corsaro. São Paulo: Cortez, 2009.

CORSINO, Patrícia. **Infância, linguagem e letramento**: educação infantil na rede municipal do Rio de Janeiro. Tese (Doutorado em Educação) – Departamento de Educação, Pontifícia Universidade Católica, Rio de Janeiro, 2003.

CORSINO, Patrícia; KRAMER, Sônia; NUNES, Maria Fernanda. Crianças e adultos em instituições de educação infantil: contexto e pesquisa. *In*: KRAMER, Sônia (org.). **Retratos de um desafio**: adultos e crianças na educação infantil. São Paulo: Ática, 2009.

CORSINO, Patrícia; KRAMER, Sônia; NUNES, Maria Fernanda. Nos murais das escolas: leituras, interações e práticas de alfabetização. *In*: KRAMER, Sônia (org.). **Retratos de um desafio**: adultos e crianças na educação infantil. São Paulo: Ática, 2009b.

CORSINO, Patrícia; KRAMER, Sônia; NUNES, Maria Fernanda (coord.). **Relatório de pesquisa educação infantil e formação de profissionais no estado do Rio de Janeiro (1999-2009)**. Rio de Janeiro: Traço e Cultura, 2011.

CORSINO, Patrícia; PIMENTEL, Cláudia. O livro nas mãos das crianças. *In*: CONGRESSO INTERNACIONAL COTIDIANO: DIÁLOGO SOBRE DIÁLOGOS, 3., 2010, Niterói. **Anais**... Niterói: UFF, 2010.

CORSINO, Patrícia; NUNES, Maria Fernanda Rezende. Novos marcos para a educação infantil (2009-2010): consequências e desafios. *In*: CORSINO, Patrícia; DIDONET, Vital; NUNES, Maria Fernanda Rezende. **educação infantil no Brasil**: primeira etapa da educação básica. Brasília: Unesco, 2011.

COUTO, Inalda Alice Pimentel; MELO, Valéria Galo de. Reconstruindo a história do atendimento à infância no Brasil. *In*: BAZÍLIO, Luiz Cavalieri (org.). **Infância, tutela e educação**: história, política e legislação. Rio de Janeiro: Ravil, 1998.

COVRE, Alice Maria P. Manfrim; NAGAI, Eduardo Eide; MIOTELLO, Valdemir (org.). **Palavras e contra-palavras**: glossariando conceitos, categorias e noções de Bakhtin. São Carlos: Pedro & João Editores, 2009.

CUNHA, Luiz Antônio. Três décadas de conflitos em torno do ensino público: laico ou religioso?. **Educação & Sociedade** [online]. 2018, v. 39, n. 145, pp. 890-907. Disponível em: https://doi.org/10.1590/ES0101-73302018196128. Epub 14 Nov 2018. ISSN 1678-4626. https://doi.org/10.1590/ES0101-73302018196128. Acesso em 5 set. 2022.

CUNHA, Luiz Antônio. **Do monopólio religioso à autonomia relativa**. Rio de Janeiro, 2012. Mimeografado.

CUNHA, Luiz Antônio. Confessionalismo versus laicidade na educação brasileira: ontem e hoje. **Visoni LatinoAmericane**, Trieste, ano III, n. 4, jan. 2011.

CUNHA, Luiz Antônio. Sintonia oscilante: religião, moral e civismo — 1937/97. **Cadernos de Pesquisa**, São Paulo, v. 7, n. 131, maio/ago. 2007.

CUNHA, Luiz Antônio. Autonomização do campo educacional: efeitos do e no ensino religioso. **Revista Contemporânea de Educação**, Rio de Janeiro, v. 2, dez./jan. 2006.

CUNHA, Luiz Antônio. Religião, moral e civismo. *In*: CUNHA, Luiz Antônio. **Educação, Estado e democracia no Brasil**. São Paulo: Cortez, 1995.

CURY, Carlos Roberto Jamyl. Ensino Religioso na escola pública: o retorno de uma polêmica recorrente. **Revista Brasileira de Educação**, Rio de Janeiro, n. 27, p. 183-191, set./dez. 2004.

DA MATA, Roberto. O ofício de etnólogo, ou como ter antrophological blues. *In*: VELHO, Gilberto. **Individualismo e cultura**. Rio de Janeiro: Zahar, 1981.

DEL PRIORE, Mary. O cotidiano da criança livre no Brasil entre a Colônia e o Império. *In*: DEL PRIORE, Mary (org.). **História das crianças no Brasil**. São Paulo: Contexto, 2000.

DESGRANGES, Flávio. Teatro do sem sujeito manda lembranças: um pequeno estudo sobre o espectador do teatro épico. *In*: KRÂMER, Sônia; LEITE, Maria Isabel (org.). **Infância e produção cultural**. Campinas: Papirus, 1998.

DIDONET, Vital. Uma nova base conceitual e jurídica para a educação infantil: a Constituição Federal, o Estatuto da Criança e do Adolescente e a Lei de Diretrizes e Bases da Educação Nacional (1986-1996). *In*: CORSINO, Patrícia; DIDONET, Vital; NUNES, Maria Fernanda Rezende. **Educação infantil no Brasil**: primeira etapa da educação básica. Brasília: Unesco, 2011.

Fernandes, Vânia Claudia **(As) simetria nos sistemas públicos de ensino fundamental em Duque de Caxias (RJ)**: a religião no currículo. Tese (Doutorado em Educação) – Faculdade de Educação, Universidade Federal do Rio de Janeiro, Rio de Janeiro, 2014.

FERNANDES, Vânia Cláudia. A religião nas escolas do município de Caxias: as diferentes formas de ocupação do espaço público. **Notandum**, Maringá, v. 28, jan./abr. 2012.

FISCHMANN, Roseli. **Estado laico**. São Paulo: Memorial da América Latina, 2008.

FISCHMANN, Roseli. Constituição brasileira, direitos humanos e educação. **Revista Brasileira de Educação**, Rio de Janeiro, v. 40, n. 14, p. 156-168, jan./abr. 2009.

FISCHMANN, Roseli. Ciência, tolerância e Estado laico. **Ciência e Cultura**, São Paulo, jul. 2008.

FOUCAULT, Michael. Corpos dóceis. *In*: FOUCAULT, Michael. **Vigiar e punir**: nascimento da prisão. Petrópolis: Vozes, 1987.

FOURQUIN, Jean-Claude. **Escola e cultura**: as bases epistemológicas do conhecimento escolar. Porto Alegre: Artes Médicas, 1993.

GEERTZ, Clifford. **Interpretação das culturas**. Rio de Janeiro: Jorge Zahar, 1978.

GOULART, Cecília. Enunciar é argumentar: analisando um episódio de uma aula de História com base em Bakhtin. **Pro-posições**, Campinas, v. 18, n. 3, set./dez. 2007.

GOULART, Cecília. Letramento e modos de ser letrado: discutindo a base teórico-metodológica do estudo. **Revista Brasileira de Educação**, Rio de Janeiro, v. 11, n. 3, 2006.

GONÇALVES, Angela Vidal. **Alfabetização**: o olhar do sujeito aprendiz. Dissertação (Mestrado em Educação) – Faculdade de Educação, Universidade Federal Fluminense, Niterói, 2012.

GRILLO, Sheila V. Camargo. Esfera e campo. *In*: BRAIT, Beth. **Bakhtin**: outros conceitos-chave. São Paulo: Contexto, 2008.

INSTITUTO BRASILEIRO DE GEOGRAFIA E ESTATÍSTICA (**IBGE**). Censo Brasileiro de 2010. Rio de Janeiro: **IBGE**, 2012. INSTITUTO BRASILEIRO DE GEOGRAFIA E ESTATÍSTICA (**IBGE**). Disponível em: https://cidades.ibge.gov.br. Acessado em: 2009.

KONDER, Leandro. A questão da ideologia em Bakhtin. *In*: KONDER, Leandro. **A questão da ideologia**. São Paulo: Companhia das Letras, 2002.

KONDER, Leandro. **Marx**: vida e obra. Rio de Janeiro: Paz e Terra, 1981.

KRAMER, Sônia. **A Política do pré-escolar no Brasil**: a arte do disfarce. Rio de Janeiro: Achimé, 1982.

KRAMER, Sônia. Pesquisando infância e educação: um encontro com Walter Benjamin. *In*: KRAMER, Sônia; LEITE, Maria Isabel (org.). **Infância**: fios e desafios da pesquisa. Campinas: Papirus, 1996.

KULHMANN JR., Moysés. **Infância e educação infantil**: uma abordagem histórica. Porto Alegre: Mediação, 2004.

KULHMANN JR., Moysés. Educando a infância brasileira. *In*: LOPES, Eliane (org.). **500 anos de educação no Brasil**. Belo Horizonte: Autêntica, 2000.

LEITE, Ana Maria Alexandre. **Escola Regional Meriti**: limites e possibilidades da escola inclusiva. Dissertação (Mestrado em Educação) – Departamento de Educação, Pontifícia Universidade Católica, Rio de Janeiro, 2002.

LIMA, Aline. **O uso da religião como estratégia de educação moral em escolas públicas e privadas de Presidente Prudente**. Dissertação (Mestrado em Educação) –Faculdade de Ciências e Tecnologia, Universidade Estadual Paulista Júlio de Mesquita Filho, Presidente Prudente, São Paulo, 2008.

MARIANO, Ricardo. Laicidade à brasileira: católicos, protestante e laicos em disputa na esfera pública. **Revista Cevitas**, Porto Alegre, v. 11, n. 2, p. 238-258, maio/ago. 2011.

MÁRQUEZ, Gabriel Garcia. **Memória de minhas putas tristes**. Rio de Janeiro: Record, 2003.

MEIRELES, Cecília. O dia de "engolir a cápsula". *In*: MEIRELES, Cecília. **Crônicas de Educação 3**. Rio de Janeiro: Nova Fronteira: Fundação Biblioteca Nacional, 2001a.

MEIRELES, Cecília. Como se originam as guerras religiosas. *In*: MEIRELES, Cecília. **Crônicas de Educação 3**. Rio de Janeiro: Nova Fronteira: Fundação Biblioteca Nacional, 2001b.

NUNES, Ângela; CARVALHO, Maria do Rosário. Questões metodológicas e epistemológicas suscitadas na Antropologia da Infância. **Revista Brasileira de Informação Bibliográfica em Ciências Sociais**, São Paulo, n. 68, p. 77-97, 2009.

NUNES, Maria Fernanda Rezende. Educação infantil: instituições, funções e propostas. *In*: CORSINO, Patrícia (org.). **Educação infantil**: cotidiano e políticas. Campinas: Autores Associados, 2011.

OLIVEIRA, Zilma de Moraes Ramos de. **Educação infantil**: fundamentos e métodos. São Paulo: Cortez, 2011.

QUEIRÓS, Bartolomeu Campos. **Indez**. São Paulo: Global, 2004.

RANQUETAT JR., César A. Religião em sala de aula: o ensino religioso nas escolas públicas brasileiras. **CS Online: Revista Eletrônica de Ciências Sociais**, Juiz de Fora, ano I, ed. I, fev. 2007.

RANQUETAT JR., César A. Laicidade, laicismo e secularização: definindo e esclarecendo conceitos. **Tempo de Ciência, Toledo**, v. 15, n. 30, p. 59-72, 2º set. 2008.

ROJO, Roxane. Gêneros do discurso no círculo de BakhtIn: ferramentas para a análise transdisciplinar de enunciados em dispositivos e práticas didáticas. *In*: SIMPÓSIO INTERNACIONAL DE ESTUDOS DE GÊNEROS TEXTUAIS (SIGET), 4., 2007, Tubarão, SC. **Anais** [...]. Tubarão: Unisul, 2007.

SARMENTO, Manuel. Sociologia da infância: correntes e confluências. *In*: SARMENTO, Manuel; GOUVEA, Cristina (org.). **Estudos da infância**. Petrópolis: Vozes, 2010. p. 17-39.

SOBRAL, ADAIL. U. As relações entre texto, discurso e gênero: uma análise ilustrativa. **Revista Intercâmbio**, São Paulo, v. XVII, p. 1-14, 2008. São Paulo: LAEL/PUC-SP.

SOBRAL, ADAIL. U. Ético e estético: na vida, na arte e na pesquisa em Ciências Humanas. *In*: BRAIT, Beth (org.). **Bakhtin**: conceitos-chave. São Paulo: Contexto, 2008.

SOUZA, Solange Jobim. Dialogismo e alteridade na utilização da imagem técnica em pesquisa acadêmica: questões éticas e metodológicas. *In*: FREITAS, Maria Tereza; JOBIM E SOUZA, Solange; KRAMER, Sônia (org.). **Ciências Humanas e pesquisa**. Leituras de Mikhail Bakhtin. São Paulo: Cortez, 2003.

SAVIANI, Demerval. **História das ideias Pedagógicas no Brasil**. Campinas: Autores Associados, 2010.

TEIXEIRA, Roberta Araújo. Os murais das escolas. *In*: TEIXEIRA, Roberta Araújo. **Espaços escolares e habilidades de leitura**: um estudo em três escolas públicas municipais do Rio de Janeiro. 2008. Dissertação (Mestrado em Educação) – Departamento de Educação, Pontifícia Universidade Católica, Rio de Janeiro, 2008.

UJIIE, Najela Tavares. Educação, criança e infância no contexto das Ciências Sociais. **Revista Guaricá**, Guarapuava/PR, v. 25, p. 9-23, 2009.

VALDEMARIN, Vera Teresa. **O liberalismo demiurgo**: estudo sobre a reforma educacional projetada nos Pareceres de Rui Barbosa. São Paulo: Cultura Acadêmica, 2000.

VIANA, Regina Celia Sanches Lopos. **Duque de Caxias**: nosso espaço. Duque de Caxias, 1991.

VELHO, Gilberto. Observando o familiar. *In*: VELHO, Gilberto. **Individualismo e cultura**. Rio de Janeiro: Zahar, 1981.

VOLOSHINOV, V. N. Estrutura do enunciado. *In*: TORDOROV, Tizan. **Mikhail Bakhtin**: le dialogique. Paris: Seul, 1981.